The Law of Abundance only 1% of successful men know by Takumi Yamazaki Lynn A Robinson

1%の成功者だけが知っている

豊かさの法則

山﨑拓巳
リン・A・ロビンソン

VOICE

The Law of Abundance only 1% of successful men know by Takumi Yamazaki Lynn A Robinson

1%の成功者だけが知っている

豊かさの法則

山﨑拓巳　リン・A・ロビンソン

VOICE

お金と本当の豊かさにスイッチを入れる！
本書付属のＤＶＤについて

「直感をどう人生に活かせば、夢は叶うの？」
誰もが知りたい人生の成功術のヒミツが、実際に、夢を叶えて豊かさを引きつけている、二人のエキスパートによって付属のＤＶＤで余すことなく語られています。

本書の中では、二人のコメントがそれぞれテーマ毎に別々に語られていますが、ＤＶＤでは、対談形式のトークライブにより、息もぴったりのクロストークが楽しめるだけでなく、直感を使って豊かになるための秘訣についての、新しい発見や学びもたくさん。

ＤＶＤには、本書にはない次のようなトークも収録されています。

- 「直感」の英語の意味「インスピレーション（Inspiration）」と「インテュイション（Intuition）」の違いって？
- どうして、直感につながることが、その人にとってベストな結果を招くの？

●直感に従おうとする時に、心配や恐怖を感じる時はどうすればいい？
●夢を叶えるための「ビジョンボード」って何？　また、その作り方とは？
●拓巳さんが指南する夢を実現するための「心にやさしい、やる気術」、自分のゴールを設定した時の「感情のさきどり」とは？
●リンさんがおすすめする、夢を叶えるための３つのテクニックとは？
●リンさん、拓巳さんのセッションで、それぞれ一番多い質問は何？　ｅｔｃ…

特に、ＤＶＤの最後に収録されている瞑想のセッションは、ＤＶＤを視聴しながら一緒に瞑想を行うことで、イベント時の臨場感もそのままに、リンさんの声に導かれながら、豊かさや自分の叶えたい夢を実現するための直感に繋がることができます。

直感力は、磨けば磨くほど鋭くなっていくもの、つまり、トレーニングすればするほど伸びて行くもの、とリンさんが語るように、この瞑想パートは何度も繰り返しエクササイズを行うのがおすすめです。

たった数分間の瞑想でも、毎日の日常生活に取り入れることで、自分の豊かさにつながる夢のビジョンはよりクリアになり、その夢を叶えるためのインスピレーションやヒントを自分の中に取り入れやすくなるのです。

本書の「豊かさを叶えるための７つのレッスン」と併用しながら、ＤＶＤを上手く活用して、豊かさへのスイッチを押して、お金も夢も手に入れる、思うがままの人生を生きる自分に一歩近づきましょう！

リン・A・ロビンソン

直感による「天職コンサルティングセッション」体験談

これまで、直感コンサルタントとして、すでに1万人を超える個人セッションを行ってきたリンさん。

セッションでは、「人生のミッションを知りたい」「才能を活かしながら、どのようにして豊かになれるのか」と悩む人々に向けて、各々の天賦の才を伝えるだけでなく、それを実現可能にする具体的な方法やアドバイスを伝えることを心がけているそうです。リンさんのセッションによって、それぞれの豊かさに一歩近づいたクライアントたちからは、続々と体験談が寄せられています。その一部をご紹介します。

●セッションが終わる頃には、不安がすっかり消えていた

今、歩んでいる方向は果たして正しいのか、そしてそれは、自分の本当のミッションなのか、

ということを知りたくてセッションを受けました。

そんな不安でいっぱいの気持ちからセッションが始まったのですが、10分20分とセッションが進むにつれて、心のもやもやが次第にすっきりしていき、セッションが終了する頃には、完全に不安が消えていたのです。

特に、リンさんから伝えられた言葉で最も心に残っているのは、「マインドの中でイメージとして描いたものは、強く信じていると必ず具現化する」という言葉でした。

今でも、セッションの時の録音を聴く度に、その都度、必要なメッセージを受け取っています。

リンさんとの出会いのおかげで、迷いをふっきることが出来ました。そして、真っ直ぐにただ前へ進めばいいんだ、というポジティブな気持ちになれたことに感謝しています。

（C様　女性・医師）

●自分の夢のイメージが具体的になった！

自分の目標をより明確にできたら、とセッションを受けることにしました。また、自分でも気付いていない新しい自分も発見できればいいな、とも思っていました。

実は、僕の夢は、カウンセラー、そして、セミナーの講師になることなのですが、いきなりセッションの序盤で、ほぼ同じイメージを言い当てられたのです。そして、そこからは、もうリンさんに言われることにウンウンと頷きながら耳を傾けるだけでした。

その他、密かに勉強し始めたことをズバリ当てられて、アドバイスをいただいたり、誰にも言っていないようなクセを言い当てられたりなど、不思議でもあり、笑うシーンも多く、とても楽しいセッションでした。

今回のセッションでは、自分の夢のイメージが具体的になったこと、そして、それを実現する自分の自信が深まったことが一番の収穫でした。リンさんに出会えたことに感謝しています。

（A様　男性・整体院＆ＩＴ関係）

リンさんにとっても初めての体験が起こった！

自分がどんな仕事が向いているのか、また、進むべき方向性を知りたいと思いセッションを受けました。

リンさんからは、過去の職場で起きた色々な出来事には、こんな理由があったから、などを教えていただき、次の仕事を探すための大きな参考になりました。

また、セッション中には、長年セッションをしているリンさんにも初めての体験があったのです。それは、僕のガイドである存在が、セッション中にパワーを送っているというのです。どうやら、僕のハートのチャクラを開いてくれているとのことでした。実はその時、自分でも、何かパワーのようなものが全身に降りてくる感覚を感じられたのです。リンさんからは、今後も、ガイドからのメッセージが受け取れるようにと、その方法などもアドバイスしていただきました。

セッション前には、質問を幾つか用意していたのですが、セッションの最後には、それらのすべてに答えが出ていたように思います。貴重な体験ができてよかったです。


（N様　男性）

厳しい声で〝諦めてはダメ！〟と言ってくれたリンさん

女優としてやりたい仕事はあるのに、現実的には難しく、悩んでいた時期がありました。そこで、リンさんのセッションを受けてみることに。すると、リンさんが見てくれたビジョンは、なんと、私がこうなりたいと思っている理想の姿だったのです。聞いてみると、話す前からそのビジョンは見えていたとのことで、大変驚きました。

そして、その理想の姿になるためにはどうしたらいいのか、というポイントまで具体的に教えてくれたのです。セッションを通じてわかったのは、自分の叶えたい理想を困難にしているのは、他ならぬ自分自身だったということです。

セッション中は、終始、明るい声で話してくださるリンさんでしたが、仕事を諦めようかと思っていることを伝えた時だけは、真剣な口調で「決して、諦めてはいけない！」と強く言ってくださいました。リンさんが、私のことを本気で思って言ってくださっている様子に、胸が熱くなりました。

今後も辛い時には、リンさんのあの明るい声を思い出し、〝理想の自分〟に一歩ずつ、近づいていきたいと思います。

（Y様　女性・女優）

予想外のサプライズに涙が止まらない

プライベートや仕事に関することで色々な事が起こり、これからどう生きていけばいいのかわからなくなった時期にセッションを受けました。

最初は、仕事について相談しようと思っていたのですが、リンさんは質問をする前から、まるで、その質問を知っているかのように、その答えを先回りして言ってくれたのには驚きました。また、心の底で感じていて、まだ言葉にできなかったことなどもリンさんからクリアにしていただき、これからのキャリアには、明るい未来があることがわかり、落ち込んでいた心もすっきりと晴れたのです。

さらに、亡くなった恋人のことを、「亡くなった人の声を伝えるのは私の専門ではないけれど、彼が側にいて伝えたいことがあると言っているので伝えますね」と、彼からのメッセージを教えてくれました。

予想外の展開に驚きましたが、その内容こそ、亡くなった彼に聞きたかったことだったので、うれしさで涙が溢れてしまいました。セッションでは、このようなサプライズまであり、充実したあっという間の時間でした。

(A様　女性)

目次

第2章 豊かさを引き寄せるために

第3章　神様を頼ってみる

第4章 生きる目的を知る

第7章 豊かさは巡る

まえがき

どうしたら、もっと豊かになれるの？

世の中で成功している人と自分とは、どこが違うんだろう？

そんな疑問に答えるためのヒントが、この本には詰まっています。

この本は、直感を使って豊かになりたい！　という人たちにとって約10年もの間、親しまれてきた本『これ一冊で手に入れる！　お金と本当の豊かさ』(ヴォイス刊)から、著者であるリン・A・ロビンソンさんが、今、改めてこの時代に伝えたいことをピックアップしたものに、僕がそれぞれのテーマについて自分なりのコメントを語りながら綴った本です。

今の時代において、〝成功者〟と呼ばれている人たちは、〝直感〟を上手く使いこなすことで、あらゆる豊かさを自分のものにしています。彼らにとっての豊かさの秘密とは、直感に従うというシンプルなルールだったのです。

そこで、この本では、直感をどのように使って豊かさを手にすればいいのか、自分なりの豊かさをどのようにして手に入れるのか、その秘訣を7つのレッスンを通して、リンさんと共に明らかにしていきます。

それでは、ここで、今回一緒に本を作ったリン・A・ロビンソンさんのことをご紹介しましょう。

リンさんは、アメリカで長年にわたり直感コンサルタントとして、企業やそのCEO、著名人たちをクライアントに、直感を使ってビジネスの成功や人生の夢を叶えるためのお手伝いをされている方です。

ピュアで、誠実で、慈愛に満ちたリンさんのその不思議な魅力は、彼女が会う人、誰ものハートをオープンにしてしまうことです。

たぶん、彼女のその人となりが、誰もの心の奥深くにある、けれども自分では気付いていない直感と繋がる場所をそっと開いてあげられるのだと思います。

僕もリンさんに会うたびに、心がふっと緩んで包み込まれるような安心感を覚え、気がつけば何でも思いの丈を話してしまっている、というような素敵な方です。

さて、この本の面白いところは、僕とリンさんのコメントが、たとえ同じテーマに関しても、少しずつ違う見解を述べているところです。

例えば、第6章の「お金を管理する」というテーマについて。

リンさんは、「お金を貯めるなら、どのようにお金を残すか」ということについて述べているのに対して、僕の方は、「お金を貯めるなら、まずはお金を使ってみよう」という方向からの意見を述べていたりします。

基本的に、どんなアプローチも間違いではありません。

ただ、どの考えが自分にぴったりくるか、どの考えなら自分も実践してみようと思えるか、なのです。

そういう意味において、この本は、豊かになりたいと願うならどんなタイプの人にも使える本になっています。

学生も、ＯＬも、ビジネスマンも、スピリチュアル好きの方も、そして、スピリチュアルなんて興味のない人もＯＫです。

素直で、まっすぐな人はリンさんの言葉が心に響くでしょう。

もしかして、ちょっとナナメ目線の人や、色々と考えてしまうややこしい人なら、僕の考え方にうなずいてくれるかもしれません。

誰もが皆、豊かになれる権利を持っています。

そのためにも、直感というツールを上手く使いこなし、自分なりの豊かさを明らかにしながら、この人生で豊かさを思い切り謳歌していきましょう。

２０１５年３月　山﨑拓巳

読者の皆さまへ
リン・A・ロビンソンからのメッセージ

このたび、『これ一冊で手に入れる！　お金と本当の豊かさ』（ヴォイス刊）が新たに、山﨑拓巳さんとのコラボレーションで、『1％の成功者だけが知っている　豊かさの法則』として共著でまったく新しいスタイルで生まれ変わることになりました。

『これ一冊で手に入れる！　お金と本当の豊かさ』は、アメリカで十数年前に執筆し出版され、その後、日本でも2005年に初めて単行本が出た後、2012年に改めて新書にもなるなど、「もっと豊かになりたい」と願う人々の間で親しまれ、実践されてきた本です。

私自身、この本がこのように長い間、皆さんに愛されることになるとは思ってもいなかったことから、とても光栄に思うと同時に、感謝の気持ちでいっぱいです。

本の中で執筆した「直感を使って、豊かになるための法則」とは、時を超えていつの時代にも対応できる普遍的な法則であり、また、どんな方にも使っていただける考え方、メソッドや体験談などのエピソードを集めたものでした。

そして、今回のコラボレーションにあたり、私のパートに関しては、『これ一冊で手に入れる！　お金と本当の豊かさ』から、私が大切だと思う部分を抜き取って編集し直し、前作の一冊から大事なエッセンス部分をご紹介する形となっています。

また、今回は、「直感を使って、もっと豊かになるために」というテーマについて、〝夢を実現するエキスパート〟である山﨑拓巳さんからのユニークでウィットに富んだ、また、現実的で実践的なアイディアや考え方が加わることにより、さらに充実した素晴らしい内容となりました。

「豊かさの法則」は時を超える普遍的なもの、と申し上げましたが、実は今のこの時代こそ、最もこの法則が必要とされている時を迎えているのです。

また、この厳しい時代に繁栄を手にした一握りの成功者たちは、やはりこの法則を上手く自分のものにしている人たちなのです。

私は、コンサルティングを通じて多くの人々に会っていますが、「豊かさを手に入れたいのに、どうすればいいのかわからない」、「自分自身を表現したいのに、その方法がわからない」と苦しむ人々は、日々、増える一方であることを感じています。

今の時代を生きる人々は、豊かになりたいのになれないという罠《わな》にはまってしまったかのように、迷い、彷徨《さまよ》っているのです。

確かに、この本を書いた後にアメリカでは9・11が起き、そして数年後には、世界的な経済危機を招いたリーマンショックが続き、その後、日本の人々は、3・11という未曾有の災害も体験することになりました。今、私たちは、世界的なレベルで見ても、経済的、そして社会的背景から見ても、より不確実で不安な時代の中に生きているといっても過言ではありません。さらには、それぞれの人生には、財政的困難な時期や失業、離婚、病気などといった、さまざまな困難もつきものです。

けれども、私たちは誰しもが、直感という強い味方を持っているのです。

この〝内なる羅針盤〟さえあれば、どんなに困難な状況があなたの前に立ちはだかろうとも、次なる一歩は導かれるのです。また、この羅針盤は、使えば使うほどに、あなたにとって正しい道を指し示してくれるのです。そして、自分の人生の目的に目覚め、あなたに必要な豊かさへの方向へも進んでいけるのです。

『これ一冊で手に入れる！　お金と本当の豊かさ』は、原題は『Real Prosperity』、直訳すれば「本当の繁栄」というタイトルでした。

このタイトルにあるように、私たちにとっての本当の繁栄は、「お金」だけでなく、「健康」や「豊かな人間関係」「情熱」「天職に就くこと」など、喜びの中で人生を歩んでいけることのすべての要素を含むといってもいいでしょう。

そして、この繁栄を手に入れる方法は、まずは、自分には直感という、望み通りの未来に導いてくれる羅針盤があるということに気付くことから始まります。

たとえ、もし、あなたが自分は直感的な人間ではない、と感じていても大丈夫です。

なぜならば、直感を使うレッスンを繰り返すことで、あなたの内なる声との繋がりをより強くすることができるからです。

直感とは、あなたに財政的、物理的な豊かさをもたらしてくれるだけでなく、同時に、精神的な豊かさをも導いてくれる〝道具〟のようなものです。この道具を使いこなすことで、「私も好きなことをして生きていいんだ」「僕だって豊かになれるんだ」ということを自分の人生の中で大いに実感して欲しいのです。

現在、初めてこの本を執筆した2000年前後の時代と比べても、人々はより直感に対してオープンになり、「直感を信じてみよう」という人々がどんどん増えてきていることをうれしく思っています。

あなたが、この新しい本、『1％の成功者だけが知っている　豊かさの法則』を通じて、直感と繋がり、豊かさの流れに乗って、正しいタイミングで正しい状況に遭遇し、素晴らしい人々との出会いの中で、望む方向へ進んで行かれることを心より祈っています。

2015年3月　リン・A・ロビンソン

第1章

直感って何？

Lynn's Comments

by リン・A・ロビンソン

直感とは、内なる知恵のこと

私たちは、直感と呼ばれる内なる知恵を授かってこの世界に生まれてきています。

直感とは、天、スピリット、神聖な叡智、そのほか色々な表現をもって「神」とされているものとの結びつきの現れです。

直感を信頼し、その導きにしたがっていけば、豊かで喜びにあふれた生き方が約束されます。

直感は〝あらゆる存在の源〟と繋がっている

私が繁栄の法則を研究し始めたのは、クレジットカードの債務が5千ドルに膨れ上がっていた20代の半ばのことでした（その当時、それはたいへんな金額でした）。日中は職探しに奔走して、夜は友人宅のソファを借りて眠っていた頃のことです。私は恐怖と不安に打ちのめされていました。

仕事をください、どんな仕事でもかまいませんから、と神に祈っていたのでした。そんなせっぱ詰まった気持ちで祈っていたあるとき、自分の中から小さな声がはっきりと聞こえてきたのです。

「豊かさは周りにあふれています。自分が心から欲しいと思うものを求めなさい」

天が祈りを聞いてくれたという喜びと、借金を清算するための仕事以上のものを望んでもいいのだという感激で胸がいっぱいになり、涙があふれ出てきました。

それからは、それまでずっと抱き続けていた恐怖が嘘のように消え去り、自分はこの宇宙に守られている、そんな心配はしなくてもいいのだという穏やかな安らぎが満ちてきたのでした。

それまでの私は、自分の本当の望みは何なのかということを考えたこともありませんでした。

人生をあるがままに受け入れていただけだったのです。

それが、この体験をきっかけにして、視界を遮っていた霧がすっと晴れたように感じられたのです。

私はさっそく小さな手帳を買い込んでくると、そこに理想の仕事の細かい条件を書き出しました。

新聞に載っていたある求人広告に目を引かれたのは、その2日後のことでした。

そこに記された内容は、手帳に書いた自分の希望とはまったく関係のないもので、頭の中では、いつもの分別が「そんなものは無視しなさい！」と言っていましたが、それにもかかわらず、私は履歴書を送ってみようという衝動につき動かされたのでした。

するとうれしいことに、面接に来るようにという連絡を受け取りました。

けれども、その会社へ出かけた私は、応募したポストには、もう別の人が採用されたことを知ったのです。

それを聞いた瞬間、目の前が真っ暗になりました。

ところが、先方はすぐに続けて、実は、つい最近空きが出た別のポストがあるので、そちらを考えてみませんか？　と言ってくれたのです。

それはまさしく、私がノートに書き出したことにぴったり一致する仕事だったのです。

そうしてその日のうちに、私は仕事を手にすることになりました。

私はこの体験を通じて、私たちには、自分の人生をまっとうすることができるように、宇宙の力が働きかけてくれているのだということを学びました。

宇宙には、崇高な大意があります。

そして、この宇宙、または、〝あらゆる存在の源〟に私たちを結びつけているものこそが、直感なのです。

直感は、誰もが自分の生きる使命を果たすことができるように、もっとも抵抗の少ない滑らかな道を示してくれています。

私は、あの辛い時代に、この世界は限りない豊かさにあふれていることを学ぶことができたのです。

Takumi's ＊
Comments

by 山崎 拓巳

＊直感という〝感覚〟を定義する

僕たちは、〝直感〟という言葉を何気なく日々の生活の中で使っています。
けれども、直感とは、いったい、どのようなものを意味しているのでしょうか？
直感という言葉について、あなたなりの定義を持っていますか？

例えば、それは〝幸せ〟という言葉についても同じことです。

「幸せって、何?」と聞くと、「幸せって、それは、幸せということですよ」と答える人がいるように、幸せにもあなたなりの定義がないと、本当の意味で、幸せにはなれていないはずなのです。

コーチングで世界的に有名なアンソニー・ロビンスも言っていますが、「人は、定義づけをしたものだけを体験できる」のです。

つまり、〝概念〟は体験できないのです。

では、直感という言葉の定義について考えてみましょう。

直感とは、直感という感覚、フィーリングに対して名前がついたものです。

もし、これからあなたが、自分の直感を自由に使いこなせるようになりたいのなら、まずは、あなたの中にある直感という感覚を、一度、深く掘り下げてみる必要があるのです。

＊直感は、いつもサインを出している

あなたは、自分のどんな感覚を直感と呼んでいますか？

直感の種類にも、色々なものがありますが、心配事や悪い予感に心がざわつく「胸騒ぎ」や、五感を超えた第六感と呼ばれる鋭い感覚を感じる「虫の知らせ」と同じような不安感と同義語の直感を、あなたも感じたことがあるはずです。

例えば、あなたに「今月は、これをここまでやる」という何かの目標があったのに、結果として、それが達成できなかった時。

達成できなかった理由は、たぶん、人それぞれです

銀行の融資が下りなくて、お金が調達できなかったから。

子供が病気になってしまい、予定が大幅に変わってしまったから。

飛行機のチケットが取れなくて、現地に行けなかったから……ｅｔｃ。

それぞれが、達成を妨げた理由や言い訳を挙げることでしょう。

でも、「達成できないことは、もう、どこかでわかっていたんじゃないの？」と聞いてみると、「そう。実は、今月の初めには、もうなんとなくわかっていた」などと答える人が多いのも事実なのです。

つまり、自分の中で、まだ言語化されていない感情のレベルで、本人はうすうす気付いていていたのです。

「これは、今月は達成できない」ということを。

それでも、あなたは、その問題には触れたくないし、直視したくなかったのです。

要するに、あなたがうっすらと感じていた、その〝ぼんやりとした感覚や感情〟を、自分であえて明確化したくなかったのです。

そして、大抵の場合、その感情が次第に大きくなってカタチをとり始め、ついに、あなたの中で浮上した時に、それらは、胸騒ぎになったりして、あなたに知らせているのです。

例えば、あなたが会社に遅刻しそうな時。

通勤途中の満員電車の中で、「まずい！　遅刻しそう」と突然、焦ったりしますが、実は、「今日は、遅れてしまうだろう」ということは、あなたが焦る前の段階で、すでにわかっていたはずなのです。

いつもより遅く起きてしまったのに、ベッドの中で、うとうとしながら考え事をしていた時。

家を出た後、コンビニに立ち寄って、レジの長い行列に並んでしまった時。

「遅刻する」というサインは何度かあなたの扉をノックしていたはずなのですが、あなたは、気付いていなかったのです。

もしくは、あえてそのサインを無視していたのです。

＊深層意識にアクセスして「直感力」をつける

人は、意外と、ぼっ～としているものです。

そして、ぼっ～としていることに自分で気付いていないものです。

なぜならば、ほとんど、ぼっ～としているからです。

でも、そのぼっ～とした靄《もや》のような意識の向こうに、研ぎ澄まされて透明な意識の世界があるのです。

そのエリアこそが、深層意識、または、潜在意識と呼ばれている場所なのかもしれません。

そして、そこにアプローチできる人だけが、自分に必要な直感を拾ってこれる人、つまり、「直感力」がある人なのです。

また、直感力とは少し種類も違いますが、やはり、知らず知らずのうちに、深層意識にアクセスしていた、というような出来事もきっと誰もが体験したことがあるはずです。

例えば、車が道路の真ん中でエンストしたのに、どういうわけか、上手い具合にエンストしてくれたので、他の車とぶつからず、事故に至らなかった。

電話をしている相手に、どうしても言いたい一言があったのに、途中で電波が途切れて、結果的にその一言を言えなかった。でも、今、考えると、その一言を言っていたら、取り返しのつかないことになっていたかもしれない。

メールをある人に送信したはずなのに、ネットが切れたのか送信トレイにそのメールが残っていた。今、読み返したら、そのメールは送らない方がよかったメールだ。セーフだった！

以上のような体験はありませんか？

これらは、一見、偶然のなせるワザのように見えますが、やはり、深層心理から何らかの形で送られていたサインをあなたが受け取った結果、自分でそのように導いた出来事なのかもしれないのです。

では、そのような深層心理がある場所に〝意識的に〟アクセスするためには、どうしたらいいのでしょうか？

基本的に、あなたが全神経を集中して大きな勝負をしている時や、「絶対に、これを成し遂げるぞ」と全身全霊で取り組んでいる時、命を賭けたようなミッションを行っている時は、あなたの視界や思考は全方位にわたってクリアで、一瞬の曇りもありません。

そんな時は、あなたは、深層心理にダイレクトに繋がっています。

そして、必要な直感もバシバシと降りて来るはずです。

けれども、普通はそうでないケースがほとんどなのです。

それでは、どうすればいいでしょうか？

深層心理に繋がる方法として、一般的によくすすめられているのが瞑想です。

確かに、直感に繋がるために、瞑想することや、寝ている時に深層意識に繋がっているといわれている自分の夢に気をつけておくこともひとつの方法です。

でも、誰もが瞑想する習慣があったり、夢日記をつけるタイプではないかもしれません。

＊直感をデータ化してみる

実は、誰もが直感力を伸ばせる簡単な方法があります。

それは、自分だけの「直感データ」を取ることです。

その方法とは、ある結果が自分に起きた時に、これをいつ、どんな段階で自分は直感として知っていたのだろう？ということを客観的にチェックしてみるのです。

すると、「あの時、あの段階で、あんな感情になったときに、自分はこうなることが予測できていた」ということが分析できたりするのです。

例えば、先述の遅刻の例なども、自分なりに分析してみると、実は、もう前日に寝る前から、あのことで悩み、あんな気持ちになっていたので、翌日は朝からこんな動きをしてしまうだろう、ということが本人は予知できていたかもしれないのです。
すると、遅刻するという行為の奥にある問題にもアクセスできるようになるのです。

他の例で説明してみましょう。
上司「あいつは、まだ出勤してないの？」
部下「今日は休みなんです」
上司「じゃあ、後で、会いにいっておいた方がいいぞ。あいつ、ちょっと様子がおかしいぞ」
部下「昨日から咳こんでいたので、風邪引いて熱が出たみたいです」
上司「そういう問題じゃないんだよ！」

ここで上司が、「そういう問題じゃない」と言っているのは、部下が風邪を引いて寝込んでしまったことではなく、上司は、その部下に熱を出させ、風邪で倒れてしまうような何かが、彼の奥深い部分で起きている、ということをどこかで感じとっているのです。

そして、そんな彼に対して、少しでも早く手を打たなければ大変なことになってしまう、と上司の直感は警告しているのです。

これこそが、本来、僕たちが使いこなせるようになりたい直感力というものではないでしょうか?

自分の直感は、こんなときには正しかった。こういう場合は、はずれてしまう、などのトライ&エラーを繰り返しながら、そのデータを追っていると、自分だけのパターンに気付くかもしれません。

そのパターンから自分なりの結果が予測できるようになるだけでなく、直感が当たるエリアの得手不得手もわかってくるのです。

例えば、自分は、こと恋愛に関してだけは、直感がよく働く。

お金が絡むことに関しては、鼻が利く。

家族のことに関してだけは、なぜか絶対に当たる、など。

このように、自分だけの直感が当たる確率のパターンを掴むことで、あなたは直感をコントロールするだけでなく、自分が望んでいる最大限の結果を導くことも可能になるのです。

直感に「思考」を加えて、さらに直感力を強化

一般的に、女性は、直感が鋭いといわれています。

ピピッと来た仕事に就く。

ピピッときた男性と付き合う。

女性と話していると、この「ピピッと来た」という言葉をよく聞きます。

より感性を重視する女性は、男性よりも、動物的な勘ともいえる直感を上手に使いこなしているのかもしれません。

けれども、人生の選択をほぼ直感に頼っているような女性でも、自分の「直感データ」

を取ることで、さらに自分の直感力を磨くことができるはずです。

つまり、いつもの感性に統計学が加わることで、あなたの直感は、もはや、〝行き当たりばったり〟なものではなくなるのです。

いってみれば、直感という右脳的な要素に、論理や思考の左脳的な要素が加わることで、よりバランスが取れた直感力を育てることができるのです。


一方で、男性の場合は逆のパターンが多く、感性よりも、ついつい頭で考えてしまうものです。

例えば、男性は、ついつい次のような行動を取ってしまうのです。

①今日の夜はパーティがあるけれども、なんとなく気が乗らないな
↓
②僕の直感は、行かない方がいいといっている
↓

③でも今後、人脈を広げるためには名刺交換くらいはしておいた方がいいんじゃないか？

↓

④よし、一応行っておくか

↓

⑤やっぱり、予想通り、つまらないパーティだったな。とりあえず、名刺交換はしておいたけれども、行かない方がよかったのかな……。

などと後悔してしまったりするのです。

でもこれが、直感に頼るべきだったのに、頭で考えてしまい上手くいかなかった、という失敗したケースになるのか、といえばそうでもないのです。

基本的に、直感で動くということは、上手くいくケースもありますが、そうでないことの方が多いのです。

だからこそ、直感力と同時に、思考力をつけておくことも大切なのです。

つまり、直感だけに頼らずに、損得を考えたり、利害を考えたりしておくことも、ある程度必要なのです。

パーティに行った男性が、その日のパーティを楽しめなかったとしても、名刺交換しておいた相手と、将来、何かの縁があるかもしれないのです。

何よりもまず、「この直感を信じよう！」と決めた時に、すべてが上手くいく、という最高の結果をイメージすることは重要です。

けれども、それが少し失敗した時のケース、また、最悪の結果を迎えた時のケースさえも、事前に考えて、万が一の場合の対策を考えたり、準備しておくだけで、あなたには、いざというときには他のオプションという保険ができるのです。

＊直感を信じるためにも、「もしも対策を」

僕はこれを、もしもの場合の「もしも対策」と呼んでいます。

この「もしも対策」というオプションがあるだけで、あなたは安心して、直感に全力投球できるのです。

この「もしも対策」の考え方を、ネガティブだと思う人もいるかもしれません。

けれども、ポジティブな方向だけを見て行きたいからこそ、「もしも対策」をしておくのです。


東京へ引っ越して自分の力を試したい！

でも、上手くやっていけるのかな？

失敗したら、どうしよう？

ああ、そうか。

失敗したら、最悪の場合は、田舎に戻ってくればいいんだ。

その時は実家の仕事を継ごう。

それなら、まずは思い切って、東京のど真ん中の渋谷に出て行こう！


などと、バーン！　と決断ができたりするものです。

実際に、直感力を活かしていると思える人は、裏側で、この「もしも対策」ができている人なのです。

そして、そういう人ほど、他の人には、ほぼ直感だけで生きている、という風に見えているはずなのです。

「もしも対策」ができている人こそが、胸騒ぎの〝ザワザワ〟を〝ワクワク〟に変えられる人なのです。

＊セルフO《オー》リングテスト

自分の決断が正しいかどうか、自分の身体を通して、直感に聞いてみる方法もあります。

それが「O《オー》リングテスト」と呼ばれるものです。

僕は、何かを選択しなければならないとき、決断を迫られた時などに、自分の直感は本当に正しいかというのを「セルフO《オー》リングテスト」でよくチェックしています。

Oリングテストとは、カイロプラクティックの世界において、もともとは、「筋肉反射テスト」として開発されたものが、後にOリングテストとしてアレンジされたものです。

僕の場合は、このOリングのことを高校生の頃、鍼灸の先生から教えてもらって以降、日常的によく使っています。

基本的に、Oリングは、パートナーと二人で行う方法から始まったものですが、やはり、何かをすぐにその場で知りたいとき、一人で行いたいときのためにも、セルフOリングテストの方法を知っておくと便利です。

セルフO《オー》リングテストの方法

①左手の人差し指と親指を軽く触れる程度にくっつけ、Oの字の輪をつくる。
②右手の人差し指をOの字のつなぎ目にひっかける。
③Oリングの初期設定を行う。
最初に、「私は男です」「私は女です」と言う。
次に、「愛している」「バカやろう」と言う。
それぞれを言葉に出しながら、輪に引っかけた右手の人指し指を引っ張ってみる。
自分の性別が正しい時、また、「愛している」と言った時には、輪をつくった指は閉じたままで、人差し指が抜けないはず。また、自分の性別ではない時、「バカやろう」と言った時は、輪をつくった指の力が抜けて、人差し指が抜けるはず。これで初期設定ができたので、後は、自分で質問を聞きながら試してみる。

参考資料：『見えないチカラを味方につけるコツ』（サンクチュアリ出版）

＊直感を育てるために、情報の根を張る

「自分の勘がぜんぜん当たらない！」という人もいると思います。

そんな人は、自分の直感を信じられずに、直感からどんどん遠ざかってしまい、〝直感を使わないスパイラル〟に入り込んでしまい、結果的に思考だけを頼るようになってしまいます。

けれども、それはもったいないことです。

なぜならば、その人に直感力がないわけではないのです。

誰もが同じように、直感力のもとになる〝芽〟を持っています。けれども、その芽を双葉から枝葉が伸びた樹木になるまで育ててあげていないだけなのです。

いってみれば、直感力は、育てたいという気持ちがあれば、どこまでもすくすくと育つものなのです。

そのためにも、まずは、直感という芽がある地面の下にしっかりとした〝根〟を張り巡らせることです。

その根は、別の言葉でいえば知識や知恵とも呼べるものです。

それでは、ただ、知識を詰め込めばいいのでしょうか？

それもひとつの方法ですが、僕が効果的だと思うのは、「常に自分に質問を問いかける」という方法です。

例えば、彼氏が欲しいと思っているある女性が、何人かいる男の友人の中から、誰を彼氏にすればいいかと悩んでいる場合。

Q1：彼氏は誰がふさわしいのだろう？
Q2：でも、そもそも、なぜ私には彼氏が必要なの？
Q3：だいたい、男と女の違いって何？
Q4：DNAが違うんだっけ？

Q５：ＸとかＹとか染色体の配列が違うんだっけ?

Q６：そもそも、そんなものを持っている私たち人間って何者?

Q７：人間ってどうして一人ずつ、違うのだろう?

Q８：人間性ってどういうものなの?

A　：あ、やっぱり○○君だ!

という風に、問いかけ続けていると、いつの間にか答えが出ているものです。

自分に質問を投げかけると、あなたの中の深層意識は、あなたの中に根を張っている膨大な情報量の中から、答えを自動的に探しだして、答えに導いてくれるのです。

一見、それは、直感がひらめいたような感じにも見えますが、実は、自分の中にある沢山の引きだしから、答えが引っ張り出されているだけなのです。

かつては、「実際に覚えて、学んで、体験する」ということが、知識を得るための基本的なメソッドでしたが、この方法は、すでに昔のスタイルになりつつあります。

今は、すべての知識は、誰もがアクセスできる「共通ファイル」にすでに入っているのです。

あのエジソンの体験も、アインシュタインの体験もすべて共通ファイルの中にあります。

そして、あなたが質問をして検索エンジンをかけるだけで、あなた自身がエジソンやアインシュタインと同じ体験や、彼らが学んだ知識を暗記しなくても、彼らの知識を自由自在に使いこなすことができるのです。

もちろん、検索エンジンを使うときに、問いかける検索ワード次第でも、答えは違ってきます。

だからこそ、あなたは、常に自分に必要なものを探して、問いかけ続けなければならないのです。

それが、あなたに正しい直感を降ろすための根作り、でもあるからです。

今、僕たちは変化の激しい時代に生きている中で、アウトソーシングの考え方が新しい基準になってきています。

要するに、企業も、自社内ですべての機能を抱えると肥大化しすぎて採算が合わず、時代の変化に対応できなくなっているのです。

そこで、多くの企業は、自社に必要な各業務をそれぞれの専門業者に委託することが当然のようになってきました。

例えば、生産から製造、物流、販売だけでなく、人事や教育、査定までをも外部に発注するところも少なくありません。ついには、社員さえも、そのほとんどを派遣でまかなうという会社もあるほどです。

「人の才能を活かす」ということが社会で当たり前になった今、個人のレベルでも、人の経験値を、自分の経験値として効率的に採用していく、ということが今の時代を生き抜くヒントになります。

つまり、他人の素晴らしいところをうらやんだり、嫉妬したり、もしくはそれができない自分を卑下したりしている場合ではなく、その人の素晴らしいところを自分の中にどんどん取り入れるのです。

今の時代に大きく成功している人は、人の才能を上手く活かしている人ばかりです。

すでにあなたが簡単にアクセスできる共通ファイルの中には、沢山の才能やヒントがぎっしり詰まっている、ということを思い出してください。

そこに、検索エンジンをかけるかどうか、どんなワードを検索するかは、あなた次第です。

＊世の中は、直感で動いている

当然ながら、ビジネスの世界で成功するためには、直感力は欠かせません。

なぜならば、結局、ビジネスの現場は人と人の心理戦、つまり、心理学で動いているからです。

それぞれのプロトコルがある中で、そのビジネスに関わる人々の直感の連続がビジネスを動かしているのです。

学校で学んだ勉強は、ほとんど役に立たないといってもいいでしょう。

特に、経営者という立場にいる人々こそ、常に直感力に頼っているのです。

彼らはしばしば、いわゆるロジックや常識では答えが見つけられないような、大きな岐路に立たされることがあります。

もしくは、幾つかの方向性が用意されていたとしても、最終決断は、どれかを選ばないといけないというようなシチュエーションに直面しています。

例えば、ここで大きく退くのか、それとももう1回大きく勝負に打ってでるのか？

駅前のビルを買うのか、それともやめるのか？

幾つかの部門を再編するのか？　海外へ進出するべきか？　撤退するべきか？

その決断次第では、自分だけでなく、数百人や数千人の人生の運命さえも左右することになります。

それはもう、「そんなこと、直感で決めていいの？」というような、震えるような決断だったりします。

だからこそ、そんな彼らのような人々こそ、自分のジャッジメントが正しいかどうかを確認するための相談相手や直感を後押ししてくれるメンターなどがいたりするものです。

企業のトップや国を動かす立場にいる人ほど、実は、神社に参拝したり、ゲンを担いだり、パワースポットに行ったり、お抱えの占い師がいたりなど、正しい直感を得るために、深層心理に繋がるためのさまざまな手段を大切にしていたりするものです。

そして、彼らの「これだ！」「今しかない！」という強い情熱や衝動による決断が社会を動かしているのです。

結局、僕たちにとって必要なのは、「直感力が必要な生活を求める自分」ということなのかもしれません。

晩御飯をどっちのレストランで食べるのかという小さな直感から、社会の構造やあり方までを変えてしまうほどの大きな直感まで。

果たして、自分がどんな直感を使う自分になるべきなのか、ということまでも、考えて欲しいのです。

豊かさへの Lesson 1

* 豊かさを求めるなら、直感を信じてください。

なぜならば、直感はあらゆる

存在の源と繋がっているから。

by Lynn

* 直感力は磨いて伸ばす。

本能だけでなく、データもロジックも導入して

“使える直感”にしていこう。

by Takumi

リン × 拓巳
対談
vol.1

リンさんからリーディングを受けて

Ｔａｋｕｍｉ（以下Ｔ）：初めてリンさんからリーディングを受けたんだけれども、とても面白かった。色々なことを、言い当てられてしまって、もう素っ裸にされてしまった感じ（笑）。

Ｌｙｎｎ（以下Ｌ）：実は、拓巳さんのリーディングをする前は、少し緊張していたの。だって、あなたは、すでに、自分自身をオープンに開いていて、色々な可能性に向かって進んでいる。だから、私にはもうアドバイスできることがないんじゃないかと思って（笑）。

T：いえいえ、まだ僕にも、悩みだってありますから（笑）。でも、僕の使命が「ワクワクすることに情熱を持って生きよう」ということを人々に示すことだと言われましたよね。

L：そう。拓巳さんは、自分がまさにそんな生き方をされているから、人々に説得力を持って伝えられるし、共感も得られる人なのよ。

T：今後の方向性についても、新しいビジネスのことや、止まっていたプロジェクトを再始動することに、背中を押してもらった感じでした。止まっていた映画のプロジェクトに関して、ドキュメンタリー映画を撮ったら？って言われて、いいヒントになりました。色々な国のカルチャーやライフスタイルを通じて、それぞれの幸せのカタチを描くというもの。

L：私もそれを伝えながら、自分でもワクワクしていたのよ。ぜひ、やって欲しい。今の時代は、ネットや色々なメディアを通じて異文化の情報はいくらでも手に入るけれども、あなたなら、もっとリアリティを持って伝えられると思うの。ご自身も世界中をまわってボーダレスで生きている人だから。

T：ぜひ、トライしてみます。でも、面白かったのは、僕には、一体、どんな方向が向いているの？　と聞いたときの答え。

L：あなたは、どんな方向もあり、という人なの。やりたいことを、思うがままにトライしなさい、ということよね。逆に、ひとつのことに固執してしまうと飽きてしまうから、自由に色々なことにチャレンジして欲しいわ。

T：あと、一対一のセッションをやっているのか？　と聞かれましたよね。僕の場合は、大抵、大人数のセミナーなので、一対一のセッションはやってない。だから、やった方がいいのかと思って聞いたら、その答えも面白かった（笑）。

L：あなたには向いてないわよって（笑）。というよりも、あなたは本当に外交的な人だから、やっぱり沢山の人を前にして、エンターテイナーとなって話すのが向いているの。そういう大きなエネルギーを持った人だということね。

T：これからは、日本だけじゃなくて、世界をまわりながら、色々な形でたくさんの人に向けてトークイベントなんかもやっていくと楽しいだろうな。

L：そのうち、きっと海外のイベントプロモーターやエージェントと出会うことになるはずよ。

T：それは、未来の予言ですね！（笑）それにしても、色々とリーディングをしてもらうことも興味深かったんだけれども、リーディング中に、リンさんが今、どこの周波数に合わせているんだろうなんていうことを観察するのも面白かった。未来のことが右側、過去のことが左側に見えるんですね。

L：そう、私の場合はね。でも、セッションでは、必ずしも予言をすることがすべてではないのよ。やっぱり、人には自由意思というものがあるから、私が言ったことに対して、その人の意思が反映されて未来が変化してくるのは全然ありだと思うの。特に、あなたの場合は、予言をすることに関してだと、最も手ごわい人だわ（笑）。なぜって、私がこうなりそう、と言ったとしても、僕は、やっぱりこっちにする、いや、あっちにするって言いそうだから。そして、あなたは、そのどこを選んでも成功するのよね。そして、それを自分でも自覚している。そこがすごいわ。何しろ、「これまでの人生で、つまずいたことないの？」って聞いたら、「ほとんどない」っていうんだもの。コンサルタントとしては、もう、何も言うことはなくなるわよ（笑）。

T：いや、つまずいても、すぐ立ち上がるようにしているんです（笑）。今回の本の中でも言っていますが、落ち込んでいると、自分が参ってしまうから。精神的にも体力的にも。だから、そんなときは、なんとか自分で無理やり浮上しようとするという。

L：それは素晴らしいわね。自分の意思の力が、自分の苦しい状態を作りだしてしまっているということに気付いていない人が多いの。そして、何かやりたいことがあっても、自分はできないという風に決めつけてしまう。

T：だから、そんな人たちにも、「いや、実は、あなたもできるんですよ」で彼らの上に重くのしかかっている石をひとつずつ取り除いてあげるのが僕の役目かも、って思っているんですよ。

L：拓巳さんらしい方法で、皆さんに、人生は可能性に満ちていることを伝えてあげて欲しいわね。

第2章

豊かさを
引き寄せるために

Lynn's Comments

by リン・A・ロビンソン

豊かさとは、希望があること

繁栄とは、何を意味するのでしょうか？

もしも銀行口座に50万ドル（約5千万円）あるとすれば、自分は豊かだと思いますか？

5百万ドル（約5億円）の預金がある人は、豊かな人ですか？

最新モデルのベンツに乗っている人は、あなたがうらやむようなお金持ちですか？

意外かもしれませんが、この世界の大部分の人々は、屋根のある家に住み、服を着て食卓に食べ物があるというだけで、そうしたものに恵まれた〝あなた〟こそが、裕福な人なのだと考えています。

それにもかかわらず、自分が豊かだと思えないのはなぜなのでしょう。

繁栄を指す英語の「プロスペリティ」という言葉は、ラテン語の「希望、幸運と成功があること」を意味する基語に起源しています。

これをその言葉が意味する通りに「希望をもって前進していくこと」とする解釈もあります。

繁栄という言葉には、そこには必要とされるものが、すでに十分に満たされていると いう状態が示唆されているのです。

本来の豊かさとは、特定の金額を表すということよりも、むしろ、人間の生きる姿勢のことでもあるのです。

この世界は豊穣さに満ちています。
それでは、そうした豊かさの恩恵に与《あず》かるためには、どうすればいいのでしょうか？

> 裕福であるとは、豊かさを意識することであり、
> 貧乏であるとは、欠乏を意識することである。
> 豊かさも貧しさも、意識の状態にほかならない。
>
> J・ドナルド・ウォルターズ（作家）

自分にとっての豊かさを明らかにする

お金、成功、繁栄を手にするためにはどうすればいいか、考えたことはありますか？

豊かさを得るために大切な最初の一歩は、お金に対して抱いている自分の意識と姿勢を認識することなのです。

自分がお金に対してどんな価値観を持っているかを知るためには、次のような問いが役に立つかもしれません。

＊自分にとって、繁栄とは何を意味している？
＊自分はお金持ちといわれる人たちにどんな感想を抱いている？
＊貧しい人たちのことをどう思う？
＊自分にとっての裕福な生活とはどんなもの？
＊お金持ちになったとしたら、今の生活をどのように変えたい？

さあ、あなたの答えはどのようになりましたか？

誰もが豊かになる権利をもっている

人間は、自分の才能を活かすことによって裕福になるように、あるいは不可避的に裕福になるように生まれついている。

ラルフ・ウォルドー・エマソン（作家・詩人）

宇宙は、常に私たちの味方です。

天は、誰もが成功することを願っているのです。

自分という存在が、この豊かさの奔流に足を踏み入れて、その豊穣を得る資格を生まれながらにして持っていると自然に受け入れることができれば、あなたにも、ミラクルが起きるようになってくるでしょう。

『スピリチュアル・エコノミックス』の著者、エリック・バターワースは、次のように語っています。

「自分の意識が宇宙の普遍的な流れとぴったり合った時に、そこに同調作用が生じてその流れに乗ることができる。そして、その時から、自分でも驚くような奇跡の体験が始まるのだ」

それは必ずしも、金貨がぎっしり詰まった袋が玄関先に忽然と現れたり、宝くじで一等を当てたりするような出来事ではないかもしれません。

けれども、豊かになるためのアイディアやシンクロニシティ、そして、奇跡的な出来事などを日常的に体験するようになってゆくのです。

豊かであることは、私たちの自然な本来の姿なのです。

豊かになれるとイメージする

繁栄を手にするための秘訣のひとつは、想像力を最大限にはばたかせて、裕福であるというのはどういうことかを鮮明に思い描き、しっかりとその感覚を味わうことです。

「豊かさの意識」を備えた人とは、そんな人を指します。

このことを認識できれば、自分の内なる部分が望むこと、必要なものはどんなことでも自分のものにできると理解し、自分が豊かさを享受できる資格があるのだということもわかってきます。

夢は思い切り大きく描いてください。

自分には才能があり、恵まれた、成功を手にする資格があると信じましょう。

実際に、それは本当のことなのです。

自信を持って、自分の夢に向かってください。

私たちは夢を叶えるために、この世界に生まれてきているのです。

お金に対して、前向きになる

お金に対する前向きな意識は、基本的な感情のレベルを引き上げます。

それは、繁栄を引き寄せる働きをする高周波の波動が放射されるからです。

意識や感情とは、磁石のようなものと考えれば理解しやすいでしょう。

だからこそ、お金や豊かさに対する肯定的な感情を維持すれば、望んでいるものが磁石に引き寄せられるように、あなたのもとへと吸い寄せられてくるのです

その反対に、いつも心配事で心がいっぱいだったらどうなるでしょう？

不安と怖れを抱きながら、自分の貧しさばかりに意識を集中し続けていることは、宇宙に対して自分は貧困であるという情報を発信しているようなものです。

そのような感情は、低周波の波長を生み出し、怖れている対象を引きつけてしまうのです。

「私は、十分にお金に恵まれている」と肯定的な瞑想に励んでいながら、一方では、来月の車のローンの支払いに絶望感を抱え込んだりしている人はいませんか?

感情とは、直感から生み出されるパワフルなエネルギーです。

強い否定的な感情になってしまった時は、注意してください。

それは内なる導きが何かを伝えようとしていることを意味しています。

「目指すものから遠ざかっていますよ」ということです。

怒り、恨み、怖れなどを抱えながら、同時に望むものに調和した意識を持つことはできません。

そのような否定的な感情は、目指すものを遠ざけてしまうだけなのです。

破産は一時的な状態だが、貧乏は永遠に続く。
ロバート・T・キヨサキ（実業家）

ポジティブに、でも現実的に

〝肯定する〟とは、生き方を変える意識や行動のあり方をコントロールする基本的な手段です。

自分の望みを肯定するということは、こうあって欲しいと願うことを前向きな姿勢ではっきりと力強く表明することなのです。

かつては私も、せっせと肯定の作業に精を出しました。

一日に何度も「豊かさへのダイアリー」を広げては肯定的なことを書き、夜は夜で瞑想しながら、それらの言葉を自分に言い聞かせました。

最近になって読み返してみた当時の日誌には、こんなことが書いてあります。

「今すぐに、百万ドルが入ってくる」
「私は豊かだ」
「お金が私に引き寄せられてくる」

何故、これがちっとも効果を上げなかったのか、今になってみればよくわかります。そういうことをしていたにもかかわらず、それ以外の時間には、その正反対のことを内なるおしゃべりで確認し続けていたのです。

「どうやって家賃を払おう?」からいきなり「お金はどんどん集まってくる」に飛躍していたのでは、前向きな変化が期待できるはずはないのです。

まずは、内なる対話の内容から考えなくてはいけません。

直感から偶然や奇跡が生まれる

直感を仕事として生計を立てるようになって間もない頃の私は、友人のオフィスを週に何日か借り受ける形で仕事をしていました。

そんなある日、ある朝、目を覚ましたときに、オフィスを借りる日数を増やし、パンフレットを新しく印刷して、それらを大量に用意しなくてはならないという強い衝動を突然覚えたのです。

そのときは、オフィスにいる時間を増やす必要も、パンフレットを大量に備えておく理由もなかったので、それは論理的には説明のできないことでした。

それでも、内なる導きを大事にし、心のままに行動してみました。

『ボストン』誌で自分が「ベストサイキック」に選ばれたことを知ったのは、それから数週間経った頃でした。

その記事がきっかけで、クライアントやパンフレットの希望が殺到することになったのです。

このようなことは、どのような経緯で、また、どんな理由によって起こるのでしょう?

私は、自分の望むものに対する明確な展望が、その実現を促す前向きなエネルギー(感情や感覚)を放射するのだと考えています。

そこで「普遍的な牽引の法則」が作用するのです。

その仕組みは、次のようになっています。

①何らかの強い感情が、特定の波動を生み出す。

②すると、そのエネルギーが、望んでいるものを形にするための条件や状況を磁石のように引き寄せ始める。

③そして、理屈を超えた第六感が、的確な選択をして正しい方向へ進んでいくため

のメッセージを伝えてくる。


同時に、シンクロニシティや偶然も増えてきます。

例えば、仕事のアイディアに協力してもらえる最適の人に出会うかもしれません。

また、何かにお金を投資したいという欲求や、新しいプロジェクトに関わる夢、会社に勤めているなら、会社のためになる斬新なマーケティングプランのヒントなどという形であなたに語りかけてくるかもしれません。

そうした内なる導きに従い、情熱や衝動が告げるものを汲み取って行動することによって、目指すものが少しずつ自分に引き寄せられ、具体的な形になっていくのです。

さらには、内なる繁栄の導きに従い始めた時から、物事がはるかに滑らかに、急テンポで展開することがわかるようになってきます。

偶然や奇跡のような出来事を体験し、自分がしかるべき時にしかるべき場所にいる人間の一人になったことがわかります。

他の人は単に運がいい人と見るかもしれませんが、そうではないことはあなた自身が一番よく知っていることでしょう。

それは繁栄へ向かう直通回線、言い換えれば直感を自分のものにした結果にほかならないのですから。

> 発想とは、種子のようなものである。
> 最初は、どんなものに成長するかはわからない。
> けれども、心が喜ぶ衝動に素直に従っていくうちに、
> それは少しずつ、いちばん望ましいかたちに枝葉を広げて見せてくれる。
>
> サナヤ・ローマン（作家）

今の自分に感謝する

感謝の気持ちには、繁栄する豊かな生き方へ向かうための奇跡を起こす力があります。
あなたは、これから、どんなものを育んでいきたいですか？

「お金が足りない」
「ずっと借金を抱えていくのだ」
「そんなものは一生買えないに決まっている」

というようなマイナスの意識を持ち続けていれば、それらの芽を成長させていくだけになります。
逆に、感謝と繁栄に向かう意識を持つようにすればどうなるでしょうか。

「毎日、健康で豊かな食べ物に恵まれている」

「通勤ができるのも、車がちゃんと走ってくれるおかげだ」

「不況の時代に仕事ができるというのはありがたいことだ」

「元気で健康な身体に恵まれてやりたいことができるのは、なんて幸せなことだろう」

このような意識が大きく成長することで、豊かな人生とあなたが受け取る資格のある物質的な豊かさをもたらしてくれるのです。


身のまわりの豊かさに気がつく目を養い、それを慈しむ習慣をつけてください。

持っていないものばかりを考え続けていたら、貧しさから抜け出すことはできません。

欠乏から豊かさへの視点を変えるためには、練習を積めばいいだけです。

繁栄とは、今、ここにあるのです。

それがこの宇宙の自然な状態なのです。

感謝の気持ちは、豊かさの流れを遮断するのではなく、その回路を大きく開いてくれるのです。

感謝を知る寛大な心は磁石のようなものである。
暮らしの中にある豊かさに目を向けて、
それをありがたく思うことに時間を振り向ければ、
さらなる恵みを授かり、感謝の気持ちもいっそう膨れ上がっていく。
そうして、受け取り、与えることの連鎖から
私たちに幸せをもたらすエネルギーの循環が生まれてくるのだ。

シェリル・リチャードソン（ライフ・コーチ）

Takumi's *
Comments
by 山崎 拓巳

*格差社会が広がる中で、豊かさは多様化している

豊かさを判断するわかりやすい指針として、「年収」が挙げられるでしょう。

実は、日本人の年収は、平成9年の476万円をピークに年々下がり続け、平成25年のサラリーマンの平均年収は409万円となっています（国税庁調査）。

かつては、誰もが自分はミドルクラスであると自覚できていた「一億総中流社会」といわれた日本が、今や、豊かな人はますます豊かに、また一方で、貧困率はどんどん上がるなど、格差社会の二極の間の格差は拡大するばかりです。

そんな中、日本人の豊かさに対する考え方も少しずつ多様化してきています。

かつて、一昔前の若者たちは、これぐらい稼いでこんな風に成功するんだ！　という野心を持って常に上を目指し、それがある程度成功できるような時代を生きてきたように思います。

ところが現在では、労働環境の悪化により、非正規雇用の形態も増加したことで、年収が３００万、または、もっと少ない２００万円で生きなければならないという現状に直面する若者たちも多いのです（非正規雇用の平均年収は２０１２年で平均１６８万円：国税庁調査）。

そのような状況の中で、もし、年収が２００万円しかないのなら、その与えられた現状の中で、どれだけ自分を上手にダウンサイジングしながら幸せを見つけて生きるか、というような考え方をよしとする人も増えてきました。

例えば、シェアハウスに住んで家賃を浮かせ、残業や飲み会などの付き合いに束縛されないアルバイトの仕事に就く。

そして、収入は少ないけれども、自分のやりたいことをやる、趣味の時間をたっぷり取るなど、それぞれが豊かさをお金以外の要素に見つけようとする若者たちも、今では決して少数派ではありません。

ただし、ここでポイントになるのが、やはり「豊かさ」の定義なのです。

一見、ダウンサイジングされたように見える年収200万円での生活が、あなたにとって本当に豊かなものなら、それは決して「退化」ではなく、「進化」といえるのです。けれども、このような生き方が今の時代で推奨される生き方なのだ、と自分にそのまま当てはめてしまうと上手く行きません。

つまり、「年収200万で幸せに生きる」という他の人が作ったテンプレートにそのまま乗ってしまうと、自分でそれを試してみた後で、「話が違うじゃないか、だまされた」とか「失敗だった」「間違いだった」という風になってしまうのです。

要するに、「年収200万で幸せに生きる」という生き方が、ある人の価値観では、本当に豊かで幸せな生き方になったとしても、制限のある枠に自分を押し込めるミニマルな暮らし方は自分には無理だし合わない、という人もいるということです。

このように、豊かさの定義においても、もう今では誰もが同じ価値観で、同じ枠の中で生きていた一億総中流社会の時代とは違い、あなただけの生き方の定義を持つことが求められているのです。

例えば、大成功している日本の経済人の中にも、プライベートの移動の際の交通手段は、ハイヤーや高級車などではなく、電車やバスを使用する人がいます。一般の人には想像もできない成功をしているというのに、驚くことだと思います。

また、マイクロソフトの元会長であるビル・ゲイツ氏も、アメリカのフォーブス誌の世界の長者番付で13年間も1位の座に君臨していたほどの資産家ですが、飛行機の座席は、極力、エコノミークラスに乗るような人としても有名でした。*

＊ニューヨークタイムス記事より　The New York Times Archives http://www.nytimes.com/1997/10/27/business/new-jet-eases-travel-hassles-for-bill-gates.html

これらのケースから見てもわかるように、それぞれの価値観のもとで、それぞれの選択がなされているのです。

今は、「お金がある人が、上質のサービスを受け、高価な物を入手する」、「お金がない人が安い物を手にして、質の悪いサービスを受ける」という画一的な価値観も、壊れてきているのです。


だからこそ、そんな豊かさが多様化している今の時代において、自分にとっての何が豊かさなのか、何があれば幸せなのか、を改めて考えてみる必要があるのです。

もちろん、そのような定義はしなくても生きていけるでしょう。

けれども、誰かが作った生き方のテンプレートにそのまま乗って生きていると、なんだか、人の靴を借りて履いているような気持ち悪さを感じるはずです。

やはりどこか、これは自分のものではない、借り物の生き方だ、というしっくりこない感覚を覚えるはずなのです。

そのときの〝違和感〟こそが、あなたが自分にとっての〝本当の豊かさ〟を考えるスタート地点であり、直感力を養う時なのかもしれません。

お金は感情を増幅させる装置

豊かさということについて、ここでは、「お金」にフォーカスしてみたいと思います。

お金とは、感情を増幅させる装置だと思っています。

例えば、不安を感じる人が、お金持ちになると、その人は超不安を感じる人になってしまいます。

嫉妬深い人がお金持ちになると、超嫉妬深い人になってしまいます。

笑い上戸の人がお金持ちになると、大笑い上戸になります。

誰かの役に立ちたい人が、お金持ちになると、もっと誰かの役に立ちたいと思うような人になります。

だからこそ、お金持ちになりたい人に、まず、僕は問います。

「あなたの今のその感情を、そのまま増幅させて大丈夫？」

ということを。


自分自身を丸い円に例えてみましょう。

丸の大きさは、あなたが持っているもの、つまり、あなたを構成している要素から成っています。

どんな人もすべての要素を完璧に持っていることはありえないので、どこかしら、それぞれの丸は少し、または、大きく部分的に欠けた形になっているはずです。

すると、誰もが、自分の欠けている部分を埋めようとします。

例えば、お金が欠けている人なら、もっとお金が欲しい、もっと豊かになりたい、と思ってその欠けを埋めようとします。

また、その丸の形をもっと大きい丸にしたいとも思っています。

大きくて欠けのないまんまるの丸こそが、すべてを持っている完璧な自分を意味するからです。

けれども、もしあなたが、焦って今のままで自分の丸を大きくしようとするならば、欠けは相似関係で比例することから、欠けた形のまま大きくなってしまいます。つまり、欠如の度合いが、さらに広がってしまうのです。

そうすると、あなたの欠けへの渇望はさらに大きくなり、いつまで経っても、決して満足することはないのです。

例えば、ビジネスをもっと大きくしたいという人にその理由を聞くと、「今のオフィスは不便だから、便利な街にいきたい」「利益が少ないから、自分が使えるお金が少ない」「会社の規模が小さいから、取引先に信用してもらえない」などと、ネガティブな要因、いわゆる、自分にとって欠けていることばかりを話します。

そのような人が、たとえ自分のビジネスを大きくしても、常に、より大きな不満を言い続けるだけなのです。

だからこそ、その欠けた部分を一度削って、完璧な丸にするのです。

その丸は、当然、前の丸よりも小さい丸になってしまいますが、どこにも欠けのないきれいな丸です。

そして、このままでも自分は満足だ、つまり、ここに何も加えなくてもいい、という状態を一度自分で体感します。

その時のあなたは、「何が足りないか」ではなく、「何に満たされているか」だけを感じるはずです。

すると、小さいけれども完璧にまんまるになった丸は、大きくしても、そのまままきれいな円になれるのです。

自分を丸い形にたとえてみる

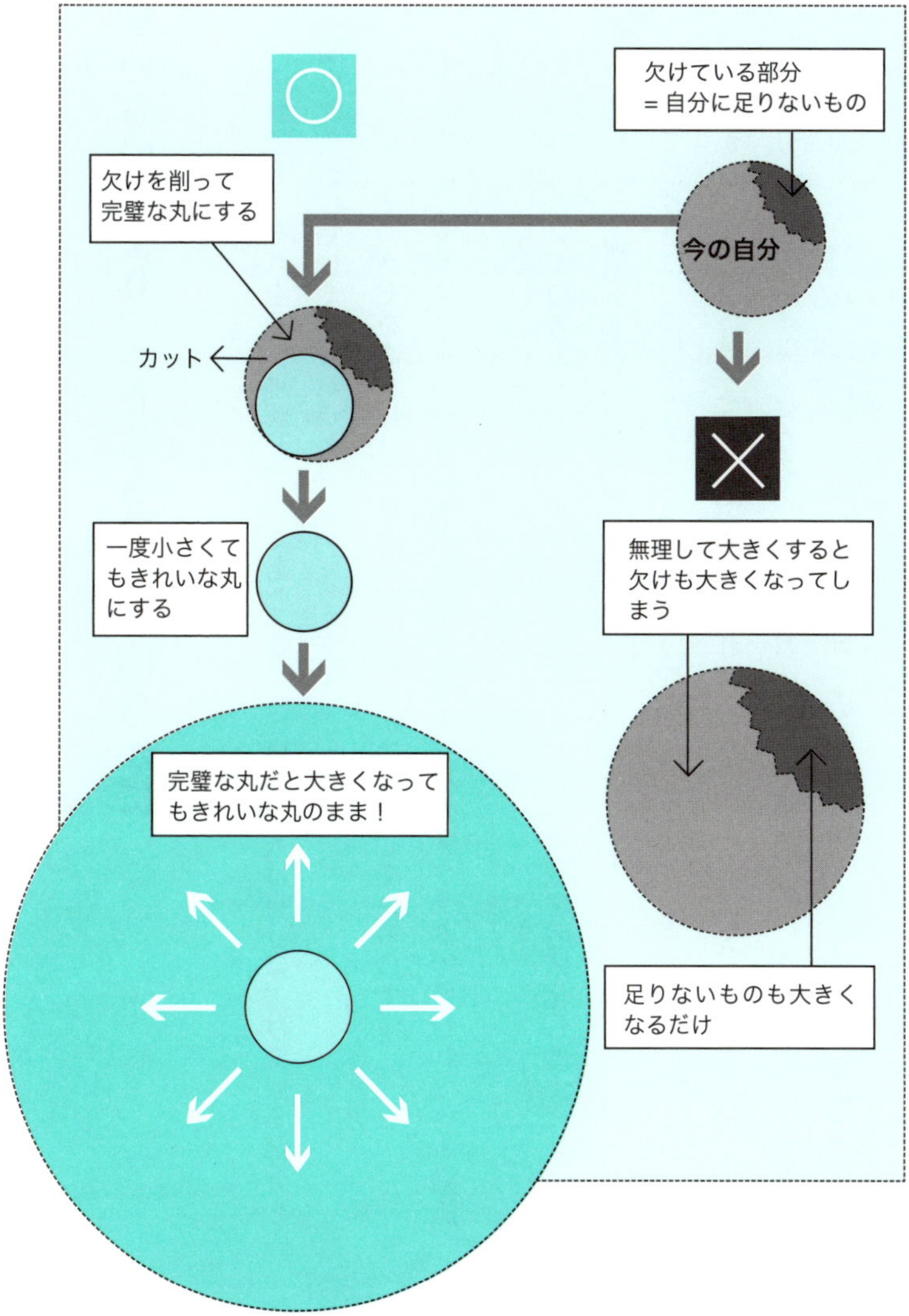
欠けている部分
＝自分に足りないもの
欠けを削って
完璧な丸にする
今の自分
カット
一度小さくても
きれいな丸
にする
無理して大きくすると
欠けも大きくなってし
まう
完璧な丸だと大きくなって
もきれいな丸のまま！
足りないものも大きく
なるだけ

＊〝無いもの〟より、〝有るもの〟を明らかに

それでも、それを頭で理解していたとしても、ついつい人は自分に欠けている部分を埋めようとしてしまうものです。

そこで、そのクセを直すには、自分への〝問いかけ〟をしてみるのです。

その時に、参考になるのが問題解決を導くコーチングのメソッドで使われている論法です。

このコーチングの考え方では、まず、最初にそれぞれの目標を明確化します。

二番目に、「何が上手くいっているのか?」を明確化します。

そして三番目に、「何が上手くいっていないのか?」を提示します。

それから、「それでは、その問題をどうすればいいのか?」というワークを行います。

つまり、ここでポイントになるのが、二番目の「何が上手くいっているのか」という、あなたがすでに、持っているものや成し遂げている部分を、〝自分に欠けている部分〟

よりも先に明らかにすることなのです。

まず、無いものよりも、有るものをクリアにすることで、その後の考え方や行動、気持ちの持ち方はまったく違ったものになってくるのです。

例えば、彼女と上手くいっていない友人の相談に乗るシチュエーションで、どのように思考が展開していくのか見てみましょう。

友　人：「彼女と上手くいってないんだ。もう、別れようという話になっていて」
　　――相談のテーマ
あなた：「将来的には、彼女とどうしたいの？」
友　人：「まあ、いずれは結婚できればとは思っていたんだけどね……」
　　――目標の明確化
あなた：「じゃあ、彼女とは何が上手くいってるの？」
　　――上手くいっていることを提示

友　人：「彼女とはケンカばっかりなんだけれども、彼女の母親とはすごく仲がいいんだ。僕のことを、すごく気に入ってくれていて」
あなた：「じゃあ、何が上手くいっていないの？」

――上手くいっていないことを提示

友　人：「結局は、忙しくてお互いが会えないのが問題なんだよね」
あなた：「会う時間がないんだね。どうしたらいいと思う？　なにか方法はないだろうか？」
友　人：「気分を変えて、二人で旅行とか行ってみたりしたらいいかも。それくらいしないと、じっくりお互い話さないよね」

――問題解決

という風に、最初はすっかりもう彼女と別れてしまうモードにいた彼も、まず、上手くいっている状況から話をスタートさせることで、話の流れはポジティブに展開することが可能になるのです。

このケースにおいて、会話の中の「あなた」は、一見、友人の相談に乗っているように見えますが、実際には、ただ①目標を明確化→②上手くいっていること→③上手くいっていないことを順番に提示させているだけで、ここでの「欠け」＝「彼女との問題」は、相談者が自分自身で問題を解決させているのです。

これは、あなた自身の問題においても応用が可能です。

自分自身でこの問いかけを順番に行うことで、〝欠けた部分〟にフォーカスしていた意識から視点を変えて、前向きに問題を解決できるようになるのです。

お金はキレイなものというイメージを持つ

「金運が悪い！」と嘆いている人はいませんか？

お金が欲しいのに、お金が入ってこないという人は、自分の中に、何かしらお金に対するブロックがあるはずです。

自分が育ってきた過程の中で、両親や周囲からの教育や環境において、知らず知らずのうちに、お金をいっぱい稼ぐことはいいことではない、または、お金持ちにはなるべきではないなどというお金に対する悪い認識や否定的な概念をどこかで植えつけてしまっているのです。

そんな人は、何よりもまず自分の中のお金に対する罪悪感を取り除き、お金に対するイメージを浄化していくことが大切です。

つまり、自分にとってお金は汚れたものではなく、キレイなもの、ピュアなものであると思えるように、自分の中にあるお金の邪気を払うのです。

そのためにも、お金を善として捉え、お金を好きになることです。

そして、「お金ですか？　はい、もちろん欲しいです！」と素直に、笑顔で、即答で答えられるようになった時点から、あなたの中でキレイになったお金のイメージが、外の世界にあるキレイなお金を引き寄せ始めるのです。

僕は、真珠養殖の商売をしていた一家に生まれました。

だから、両親がお金を〝善〟のイメージで捉えていた姿を、商売人の子供として、ずっと見てきたように思います。

例えば、子供の頃は毎年、年の暮れには、母親が晩御飯の食卓で、「お父さん、今年はどれだけお金を稼いだと思う？」と子供たちにあっけらかんと聞いていたような家庭でした。

真珠養殖は、サラリーマンのような月給制ではなく、その報酬は年間の水揚げ量で決まることから、一家の柱である父親が今年はこれだけのお金を稼いできた、と年末に家族の前で報告することも決して珍しい光景ではなかったのです。

そして実際に、現金のお札の束を見せてもらったり、手に持たせてもらったりもしたこともありました。まだ幼い子供にとっては、あまり現実感のないお札の束でしたが、冗談で「欲しい！」と言ったりすると、母親に「だめです。このお金は、稼いだ人が使います！（笑）」といって取り上げられたりして、「そうなんだ。お金は稼いだ人が使っていいんだ」などと学びながら、いい意味でお金の生の現場を見てきたように思います。

もちろん、商売をしていると常にアップダウンはつきもので、いつもいい年ばかりではありません。

ある年は、父親が水揚げしたものを人にだまされて盗《と》られてしまったことで、我が家からお金が無くなったこともありました。

でも、そんな時でも、母親はなぜか明るかったし、父親からは「いいか。しばらくの間は、友達が欲しがるようなものは買えなくなる。だから、このことを、弟と妹にもきちんとわからせるんだよ」と言われ、悲惨さよりも、大きな役目をもらったんだと長男としての責任を感じたりもしました。

また、高校時代には実家を出て下宿生活をしていたのですが、その下宿代も振込みの形だと有難さがわからない、どれだけお金をかけているか本人にわかって欲しいから、と現金を毎月手渡しでもらっていました。

このようにして、小さな頃から「お金とは、働くことで入ってくる。そして、時には失敗するときもある。そんな時には、お金は無くなるものだ」というお金のリアリティがいつも身近にありました。

また、お金とは、生活を豊かにしてくれる素晴らしいものであるという概念と同時に、この世の中でお金ほどあやういものはない、ということも身体で覚えてきたのです。

さらには、お金がある時もない時も、いつも家族の前では明るくふるまってくれていた母親を見て育ったことで、「お金さえあれば、大丈夫」というわけでもなく、「お金がなくても、大丈夫」ということもわかったのです。

大人になった今、そんな〝明るいお金〟を見せてくれた両親に感謝しています。

豊かさへの Lesson 2

✻豊かさ＝繁栄《プロスペリティ》とは、

「希望があり幸運で成功する」という意味。

そのイメージを現実化していきましょう。

by Lynn

✻そのためにも、自分の豊かさの定義を

再確認して欲しい。

お金に対するイメージをキレイで

ポジティブなものにしてから増やしていこう。

by Takumi

第3章

神様を頼ってみる

Lynn's Comments

by リン・A・ロビンソン

神様に祈る

豊かさと成功に支えられた人生を目指すための大切な2つの手段が、「祈り」と「瞑想」です。

それらを通じて、内なる導きの声が目指す方向へ進んでいくための考え方やチャンスを示してくれるのです。

祈りは神への語りかけであり、瞑想はそれに対する神の答えを聞くことである、と言った人もいますが、私たちは祈ることによって、魂に結びついている目に見えない叡智に繋がることができます。

祈りとは、「助力と知恵を求める行為」です。

また、神とは、私たちの一部であり、私たちの中に流れ、周りの世界に命を吹き込む存在であると考えています。

私の捉える神とは、「至高の知恵」であり、「叡智と愛の存在」です。


神に向かって語りかければ、答えを授かることもわかるようになりました。

それは、雲の間から轟きわたるような声で答えてくださるわけではありません。

その答えは、小さな、穏やかな直感の声で伝えられてきます。

怖れや不安、怒り、その他、色々なことで悩まされたときには、神に救いを求めればいいこともわかるようになりました。

それからは、神への祈りは、子供の頃とは異なり、頼りになる友人に話をするようなものになったのです。

何を悩んでいるかを神に打ち明けましょう。

格式ばる必要はありません。

親友に相談事をするように話しかければいいのです。

胸にひっかかっていることはどんなに小さなことでも伝えるようにして、助けや着想、平和、勇気など、必要と感じられるものを求めてください。


声を聞き取り、理解するためには練習を積む必要もありますが、内なる叡智はいつでもそこにあります。祈りは新しいものに向けて意識を解放してくれます。

祈ることは、自分を超える大きな力に繋がるのです。


祈りという行為の性質それ自体が、私たちの人生を導く叡智との結びつきを築いてくれるのです。

その叡智とは、宇宙を創造して毎日太陽を昇らせ、沈ませる力のことです。

小さな自我が、分別により論理的に考える解決策に頼ろうとするよりは、こちらの大いなる力を信頼した方が賢明だとは思いませんか？
神は私たち一人ひとりの全体を見て、何を学ぶために生まれてきたのかを承知しているので、心からの願いを最短距離で叶える道もよくご存じなのです。

生き方を変えたいと思うとき、ただひとつの確実な方法は、祈ることだ。
それは信仰する宗教の別を問わず、
何の宗教も信仰していない場合も同じである。
簡潔で肯定的なまっすぐに神に向けられる祈りには、
肉体を癒し、人生に平和と調和をもたらし、
社会との絆を広げて、繁栄を現実のものにする力がある。
エメット・フォックス（思想家）

✿神様に手紙を書く

私は現実的な人間なので、神に本当に祈りが届いているのかどうか、不安になることがよくあります。

そこで対応策として、神への願いを何らかの行為で応えてもらいたいときには、実体的な形で確認することのできるシステムを考えてみました。

それは、こんな仕組みになっています。

私は、神に対して問題を訴える手紙を書いています。

それは親友に悩み事を打ち明けるような内容で、いつもそうすることで気持ちが楽になるのです。

毎回、便箋に怖れや不安を吐き出し、続いて、「このようにお助けください」と具体的な内容を書き、最後の結びに「もし、それが私にとって一番いい道とお考えでしたら」

という一文を必ず付け加えています。

神に対して何をすべきかを、どうして私が指図することができるでしょう。けれども、神が私の心配に気を配ってくださること、そして自分ではとうてい思いつかないような形で助けを差し伸べてくださることを考えると、気持ちが明るくなるのです。

あなたも、「神様へ。救援求む」の手紙を書いてみてはいかがでしょう。

ルールは簡単です。

たとえ、自分には表現力がないと思っていても、神は何をお願いしているかは必ず汲み取ってくださるでしょう。

その書き方は、以下の通りです。

❶ 心配事、気になっていることを書く

神様（or「宇宙」など自分にぴったりくる言葉で）
――「私はこのようなことについて悩んでいます」という書き出しで悩みを書く。

❷ 自分の願いを詳しく説明する

神の答えをこちらから指図しないこと。神は、私たちの想像を超えるようなアイディアを持っているので、奇跡は必ず起きると信じること。

❸ 自分より神様の考えを受け入れる余地を残しておく

文章の最後に、問題の解決には、神の知恵に従った計画や方法があることを承知していることを伝える。例えば、「以上が私の願いです。それが私にとって一番いいことでしたら、どうかそれを授けてください。お導きをお待ちします」というような文句を書く。

❹ 願い事の手紙を投函する「郵便箱」を用意する

手紙を入れるために、箱を準備する。イラストで飾った箱を作る人もいれば、簡単に靴の空き箱などを利用する人、願い事を書き出すための特別な日記を用意する人など、自由に工夫を凝らしてみる。

さあ、あとは、返事を待つだけです。

その返事は、さまざまな形でもたらされるでしょう。得られた答えを記録するノートを用意するのもおすすめです。ひらめきや偶然の出来事、シンクロニシティ、これまでの方向性を変えたくなる欲求や、誰かに連絡をしようという思いつき、計画や行動の実行を促す気持ちなどに注意してください。

神は、それぞれにふさわしいタイミングで、ベストなヒントを与えてくれるはずです。

✿神様からの答えは、さまざまなカタチでやってくる

棚ぼた式の大もうけを夢見たことがないという人は、手を挙げてください！

または、「もしも、宝くじの一等に当たりさえすれば……」などと考えたことのない人は？

実は、そんなことを考えなくても、あなたはすでにもう、宝くじに当たっているかもしれないのです！

神とは、ちょっとした福引きのアタリのようなことを授けてくれるものです。

そして、それを受け取るためには、何か特別なことを主張する必要もありません。

なぜならば、あなたは今のままで、もう特別な存在だからです。

そして、何より重要なのは、景品は必ずしもお金という形を取るとは限らないということです。

意外でした?

この宇宙は、壮大な豊かさの体系にほかならないと考えています。

宇宙の豊饒な富は、発想や思い、好機といった形で私たちにもたらされるのです。

人との関わり、体験する状況や出来事などもそうした恵みのひとつだといえるでしょう。

神は突然雲の間から顔をのぞかせて、「そこの君、よくやった、ご褒美に一千ドルの小切手をあげよう!」などと言ってくれるわけではありません。

その代わりに、新しい学びや社会のためにもなるようなこと、また、ビジネスを開拓するために有意義なアイディアなどを授けてくださるのです。

宇宙の叡智は、奇跡のようなシンクロニシティを起こし、私たちが必要とするものを送り届けてくれます。

それは、ほとんどの場合、現金という姿ではやってこないのです。

神のみわざは、暮らしの中のさりげないところにも示されています。

それらに気付き、奇跡を信じてください。

頭と心を解放し、最善の結果を願っていれば、豊かさを得るための機会は周りに満ちあふれていることがわかるはずです。


あるひとつのエピソードをご紹介しましょう。

南米出身のメリンダは、奨学金を受けてアメリカに留学していましたが、将来は国にいる病気の母と13人の兄弟姉妹の苦しい生活を養おうと、一生懸命に努力をしていました。

けれども、自分がやりたい勉強ができていないために暗い気持ちになっていました。

彼女は、本当は、医学部へ行って医師になりたかったのです。

彼女が医学部に行けないという経済的な事情は、もう想像していただけると思います。

そこでメリンダは、テキサスで医学を学ぶために宝くじが当たるようにと神にいつも祈っていたのです。

私はそんな彼女に、「心を開いていれば、宇宙は驚くような方法で、いつかあなたが望んでいるものを授けてくださるわよ」という話をしていたのです。

メリンダから「ミラクルなことが起きた！」と連絡があったのは、それから数週間後のことでした。

予想外なことに、ある日、テキサスの大学組織の学資援助の仕事に携わる人と知り合い、その女性が資金提供先を探してくれて、メリンダが医学の勉強ができるように協力してくれることになったのです。

さらには、長い間、連絡を取っていなかった友人にふと電話をしたくなり、テキサスへ移りたいことを電話で話すと、友人は自分の家族もテキサスにいるという話をしていたとのことでした。

そして、なんとその後、その友人の家族からテキサスへ来て好きなだけ家に滞在してもよい、というオファーをもらえたのです。

このエピソードを考えると、どんな福引きも宝くじも、神のそれには遠く及ばないことがわかるでしょう。

神からの福引きとは、やりがいのある仕事、喜びと充足感、成長を促し幸せをもたらしてくれる環境などを授けてくれるのです。

誰もが、そうしたものを受け取る資格を持っています。

その幸せを味わってください。


大切なことは、欠乏に意識を向けるのをやめにして、この人生と天がもたらしてくれる可能性に対して心を開き、それを受け入れる姿勢でいることです。

口で言うのは簡単ですが、そこには忍耐と修練と信じる気持ちが求められます。

私たちは、ついついすぐに問題を解決しようと焦ってしまうことで、問題の大局を見渡す広い視野を持てなくなってしまうものです。


宇宙には、誰もが受け取ることのできる無尽蔵の資源があります。

私たち人間も、大きな本質の一部を構成する存在です。

神は、私たちに、人生の使命や情熱や目的を与えておきながら、それを達成するための手段は与えない、ということがあるでしょうか？　――決してないはずです。

周囲にあふれている豊かさの存在に気付くためには、自分の可能性を信じる積極的な意思と建設的な姿勢が求められます。

可能性に満ちた宇宙に対して、いつも心を開いていてください。

絶望的な気持ち？
それでもくじけずに、踏みとどまりなさい。
神様のお恵みの郵便システムには、
やる気のチェックという項目が含まれているのだから。

レーン・パーマー

Takumi's Comments

by 山崎 拓巳

＊〝御守り〟としての神様を持つ

神様を信じますか？

あなたにとっての神とは、いったいどのような存在なのでしょうか？

僕にとっての〝神〟とは、人間という存在を越えた、広大な宇宙を司るエネルギーのようなものと言えばいいでしょうか。

例えば、生まれた時に、惑星の配列によってそれぞれの運命が決まるように、この宇宙にも、何か大きな計画や意図のようなものがあるような気がするのです。

もし、そうならば、その宇宙のおおもとにある創造のエネルギーのようなものを神と呼べるのかもしれません。

そして、そのあまりに壮大なエネルギーの中から、その一部をつまんで擬人化し、姿を取って具現化した神様を、それぞれの宗教観や文化の違いで僕たちは神様と呼んでいるのだと思います。

個人的には、そのように擬人化された神様は特に信奉していないのですが、ここぞ！という時に、僕の中で〝御守り〟のようにしている存在はいます。

その御守りの神様には、幼稚園の時に出会いました。

当時、真珠養殖を営む両親の元で育った僕は、地元にある真珠を加工する工場や、都会の人々が建てた別荘が点在する海辺でよく遊んだものでした。

実家の工場の近くにも、ある別荘があったのですが、そこには長い間、誰も住んでいなかったので、手入れがされておらず、草がぼうぼう生えているような状態でした。

ところが、ある日、その別荘に明かりが灯ったのです。

どうやら噂では、中国人らしき人が住みついて、近所の人々に何やら宗教の勧誘を始めたらしいということでした。


そんなある日、ついに僕と父親も彼らに誘われて、その別荘を訪れることになったのです。

すると、長い線香がもくもくと焚かれた部屋で、カタコトの日本語を操る彼らから言われました。

「今から、神様についてお教えします。この蝋燭が消えたら、呪文の方は忘れてしまうでしょう。けれども、手の組み方だけは覚えておいてください。そして、もし今後、それさえも忘れた時には、声を出して神に助けを求めれば、神は必ずあなたを救ってくれるでしょう」

そう言って、彼らは意味のわからない音の羅列であるマントラのような呪文と、密教で印を結ぶような手の組み方を教えてくれたのです。

確かに、彼らの言う通り、蝋燭が消えたら、実際に手の組み方は覚えていたものの、呪文の方はすっかり忘れてしまいました。けれどもその後、もう一度彼らの元を訪ねる機会があり、今度こそはと呪文の方もしっかり覚えて帰ることができました。

「この方法は、誰にも教えないように。誰かに教えると、その効力は失われることになります」

と念を押され、別荘を後にしたのを覚えています。

それから、彼らは、忽然と姿を消して、二度と戻ってくることはありませんでした。

それは、今思い出しても、まるで童話のような不思議な出来事でした。

あの時の神様は、具体的にはどんな神が祀られていたのか、また、あの呪文は何を意味していたのか未だに定かではありません。そして、その呪文やその神様にどんな御利益があるのかどうかもわかりません。

それでも、今でも何かあるとその時の呪文を使っています。

例えば、ホテルで宿泊する部屋に何かイヤな空気を感じた時や、夜道を歩いていて、なんだか背筋がゾクッとする時など……。

そうすると、呪文を唱えることで、やはり、なんとなく安心できるのです。

そして、あの時の神様が守ってくれているような気がするのです。

神様にすがるわけではない、けれども、いつもどこか、心の奥で信じていて頼りにしている存在があるのは心強いものです。

きっとあなたにも、あなたが信じる神様がいることだと思います。

たとえ、そのような存在などいないという人でも、あなただけのパワースポットがあったり、必ずお参りする神社やお寺があるかもしれません。

そんな、自分だけのＭＹスポットは、心強い存在になってくれるはずです。

実際には、その土地に本当にパワーがあるのか、ないのか、などはあまり関係ないのかもしれません。

けれども、そんな自分だけの大切な場所がひとつあるだけで、いざというときにそこへ行くと、自分を取り戻せて再び元気になれたりするものです。

また、自分が生まれた土地の氏神様なら誰もがひとつあるはずです。

あなたを生まれた時からずっと見守ってきた地元の氏神様も、あなたをいつも見守ってくれる御守りのような存在です。

ご先祖様のお墓こそ最強のパワースポット

個人的には、実は、最強のパワースポットは、ご先祖様のお墓ではないかと思っています。

なぜならば、自分の一家のご先祖様たちが眠っている場所だからです。

確かに、この世界には、偉大で有名な神様たちも沢山存在しています。

けれども、自分という存在に一番近く、他の誰よりも親身に、そして大切に思ってくれているのは、やはり、実際に血が繋がっていた人々であるご先祖様ではないかと思うのです。

だから、お墓参りには、日々の暮らしの中の要所要所で行くようにしています。

そして、お墓に行くたびに背筋がしゃきっと伸びて気が引き締まります。

たくさんのご先祖様たちを目の前にすると、今、ここに自分が存在していることを改めて感じるからです。

また、やがていつかは、このお墓の中に自分も入るのだという気持ちが、今という瞬間の大切さをも感じさせてもくれます。

基本的に、お墓参りに行った際には、お願い事はしてはダメだという説もありますが、僕は、お願いすることもあります。「人生に必要なことを必要なタイミングでどうかお導きください。ちゃんと受け入れて学びます。よろしくお願いします」という風にも語りかけることで、願いを叶えて欲しい、という一方的な依頼や依存の仕方ではなく、ある意味〝積極的な受け身〟としてのお願いを心がけ、ご先祖様の方にも負担がないよう

にしています

また、お参りをするときは、自分という命に直接繋がってきた両親からさかのぼり、祖父母、曾祖父母とルーツを辿《たど》れば膨大な数の代々の先祖の皆のことを一人ひとり思い浮かべながら、彼らにもそれぞれの人生があったことをイメージし、感謝して手を合わせ、祈りを捧げます。

すると、イメージとして浮かんだ家系図の真ん中が割れて、光のエネルギーがバーン！　とまっすぐに胸の中に飛び込んでくるような感覚を受けることがあります。

それはもう、眩《まぶ》しいほどの光が自分の身体を揺さぶるようにして入ってくるような感じで、震えるほどに気持ちの良い瞬間なのです。

きっとそれが、ご先祖様からの答えであり、彼らと心が通じ合った瞬間なのだろうと思います。

けれども、不思議なことに、その感覚をまったく感じられない時もあるのです。

そんな時は、今は、自分のどこかにブレがあるのだろう、または、ご先祖様が「しっかりしなさい！」と叱咤激励してくれているんだろうな、と自分を改めて省みるようにしています。

このように、僕にとってのお墓参りとは、ご先祖様へのお参りであると同時に、自分を振り返るワークのような感じで受け止めています。

もしあなたが、自分だけの神様のような存在を探しているのなら、どんな人にも必ずある、ご先祖様のお墓へお参りするのもおすすめです。

豊かさへの Lesson 3

✽神様には頼ってもいいのです。

瞑想と祈りを通じて、神に語りかけましょう。

by Lynn

✽いざというときの御守りに、

自分だけの神様を持っておきたい。

ご先祖様のお墓も、

最強のパワースポットになる。

by Takumi

リン×拓巳
対談
vol.2

瞑想のチカラ

T：付属のDVDにも収録されていますが、イベントで行った瞑想は、とてもよかったです。リンさんの透明感のある声に誘導されているとスッ～と自分の世界に入っていけました。

L：ありがとうございます。皆さんからも好評をいただいたので、今後、もっと自分のプログラムに、瞑想を取り入れていこう、という〝直感〟が降りてきました（笑）。ちなみに、拓巳さんはご自身のイベントなどには瞑想は取り入れているの？

T：取り入れようとも思ったことはあるのだけれども、なんだか皆を誘導するのにちょっと照れてしまって（笑）。僕の声だとダメなのかな？ リンさんの瞑想は、声だけでなく、誘導の間やタイミングも完璧なんですよね。

L：そう言ってもらえるとうれしいわ。実は、通訳の方が入るので、自分のタイミングが正しいかどうかわからなかったの。瞑想は、その人が必要としている部分に繋がることができないと意味はないし、あまり深く入りすぎても、寝てしまったりしてしまうのでダメなのよ。特に、イベントなどで行う瞑想は、ほんの4、5分間になるので、その短い時間の中で、皆さんが必要とする何かを受け取れるような瞑想になればと心がけています。

T：考えてみたら、ほんの数分なんでよすね。ところで、リンさんは、普段の生活でも瞑想されているんですか？

L：ええ。もちろん、やっているわ。ちなみに、私にとって瞑想は2種類あって、ひとつは、平穏な気持ちになりたいとき、神と繋がりたいときの瞑想。そしてもうひとつは、自分にとって必要なもの、欲しいものをビジョンで受け取りたい時に行う瞑想。だいたい普段は、この2つを一緒にして行っているわね。特に、2つ目の瞑想の方は、できるだけ楽しく、ハッピーな瞑想になるように、自分にとって心地いい音楽をかけながらやっています。そして、自分の頭の中で、「○○は、絶対に上手くいく」「△△は、絶対に叶うんだ」と何度も自分にいい聞かせたりしてね。この方法は、とても効果的なので、よかったら、試してみてください！

T：しーんと静かな瞑想だけでなく、そんな風に楽しくて明るい瞑想のやり方もあるんですね。さっそく試してみます！

第4章

生きる目的を知る

Lynn's Comments

by リン・A・ロビンソン

天職を見つける

あらゆる人の魂は、
特別な贈り物を授かってこの世界に生まれ落ちてくる。
その各々が、特定の目標を達成することについて
宇宙と神聖な約束を取り交わしている。
魂の授かった使命が何であれ、

宇宙との約束がどんな内容であれ、
人生で体験することのすべてが
その契約の遠い記憶を呼び覚まし、
自分のまっとうすべき天命へ向かわせてくれるのである。
ゲーリー・ズーカフ（作家）

子供時代に特別な関心があったのは、どんなことでしたか？

絵を描くこと、写真を撮ること、それとも、いつの日か女優になることを夢見ていたでしょうか？

それとも、特定のテーマを追求したり、ものが作動する仕組みを研究したりといった学問的な領域の方に興味を惹かれていたかもしれません。

関心の対象が何であれ、幼い時代に好きだったことには、魂の本当の使命を知るための手がかりが隠されているのです。

もし、あなたが、仮に20歳で社会に出て働き始め、週に40時間働く生活を続けて65歳で定年を迎えるとすれば、生涯にその仕事に費やす時間は10万時間にもなるという計算になります。

その時間を情熱的に取り組んで捧げ、自分にしかない才能を活かして社会に貢献ができるのならば、それは、なんて素晴らしいことだと思いませんか？

そして、今すぐ、それに取りかからないのならば、いつになれば始められるのでしょう？

もちろん、一晩でそんな理想的な生き方ができなくてもいいのです。

今、この時点で大切なのは、自分がどんな使命を担って生まれてきたのかを解き明かすことです。

それがいったい何なのか、どうやってそれによって生計を立てていくかを知る必要はありません。

一歩ずつ前へ進んでください。

その答えは、段階を経て少しずつ明らかになってきます。

そして、ついに自分の天命を見出すとき、それは天から光が差し込み、鐘の音が鳴り響く中で「そうか！」と啓示を受けるような、心が震える瞬間であるに違いない、などと考えてはいませんか？

ところが、大抵の場合は、そのようにドラマチックな感じでそれは起きないのです。内なる知恵が授けてくれるのは、ふつふつと湧き上がる穏やかな喜び、新しい方向を目指したいという意欲、瞬間的な気付き、変わりたいという思いなどによる導きです。けれども、こうしたことこそ、注意して耳を傾けなければならないサインなのです。

では、その次のステップは、何をすればいいのでしょう。

実際に、この段階で、あなたは不安にとらわれてしまうのです。

なぜならば、直感は、安全圏から踏み出して新しいことに挑戦することを促すからです。

でもあなたは、ここで行動しなくてはいけないのです。

直感の声に従うことを決めた瞬間から、一歩ずつ成功へのステップへ導かれます。

宇宙はいわば夢を叶える巨大な装置のようなもので、どんな仕事に就きたいのか、どのような才能を活かして世の中の役に立ちたいのかを、豊かさを受け入れる心がどれほど開かれているのかが明確になるにつれ、応えてくれるようになるのです。

時には、望んでいる成功を手にするために、ふさわしい人々、状況や発想を提供してくれるでしょう。

こうして宇宙は、直感を通じて私たちに語りかけてきます。

直感は、豊かさへいざなってくれるかけがえのないパートナーとして、心からの願いを達成するための地図を描き出してくれるのです。

天職を楽しんで生きる

職場へ出かけるからといって、
家に心を置いてきてしまってはいけません。

ベティ・ベンダー（作家）

歴史家のアーノルド・トインビーは、「至高の状態は、仕事と遊びが融合した状態である」と述べています。

それでも、私たちの大部分は、収入の多さや、家族の期待に応えようとすることで自分の仕事を選んでいます。

そして、果たすべき使命があると魂が訴えているのに、そこから目を逸らしているのです。

また、自分が求めるものがわからないという言い訳で自らを納得させ、たとえ、それを意識していた場合にも、どうやってそこへ向かえばいいのかわからないと思い込んでいます。

ある日、友人たちとディナーをしていたときのことをお話ししましょう。

そこに集まったメンバーは独立自営の仕事についている人ばかりだったのですが、その席で、全員が、今、大人になり携わっている仕事は、子供の頃に大好きだったことの延長線上にあることがわかったのです。

例えば、音楽と身体を動かすことが大好きだったキャロルは、今は、音楽を使って生徒を指導するヨガのインストラクターになりました。

ジョセフは、小さい頃から、レモネードを売る屋台や雑誌の売店を開いたり、野球カードを交換するビジネスを考えたりすることにその才能を発揮していました。商売の心得を本能的に理解していた彼は、現在は、広告代理店の役員になっています。

テーブルの一人ひとりが順番に話をしながら、子供時代、青春時代に関心を持っていたことが大人になって自分を活かす職業を選択するための基盤になっていたことを、全員で確認しあったのです。


仕事は、私たちの主要な収入源です。

ほとんどの人が、起きている時間の少なくとも半分を仕事に費やして過ごしています。

だからこそ、仕事には楽しんで取り組むことが大切です。

かつての大統領のセオドア・ルーズベルトも、「人生における最高のご褒美は、やりがいのある仕事に全力で取り組むことができるチャンスを与えられること」と言っています。


仕事に喜びを見出すことができれば、若さの泉を探り当てたようなものである。

パール・S・バック（作家）

Takumi's *
Comments

by 山﨑 拓巳

＊心の奥にある夢と対峙する

「あなたの夢は？」

と聞くと、「夢がない」、「目標がない」と答える人が多いのが現状です。

そして、そんな風に回答する人ほど「だから、夢を見つけるために、自分探しをしているんです！」と言ったりするのです。

けれども、そう答える人々も、実は確固たる夢を持っているのです。

「現状維持をする」という夢を、「自分を変えない」という目標を持っているのです。

だから、「いつか大きな夢が見つかったら、人生をかけるほどの大冒険をするんだ」なんて思っているつもりでも、実際には、今の自分の現状からほんの少し遠ざかってしまいそうになっただけで、一目散に今、自分がいる場所に戻ってこようとするのです。

なぜならば、脳は現状維持が大好きなのです。

だから、起きている問題や悩みもよく分析してみると、成長のためではなく現状維持のためのものが多かったりします。

そんな時、僕は、「その問題解決法は、有効だと思うけれども、決して、スペシャルなものではないはずだよ」とアドバイスしています。

なぜならば、それが、その人の現状維持には役立っても、人生を大きく変えるほどの特別なものでないことに気づいて欲しいからです。

本来ならば、「望ましい将来」とは、現状維持の延長線にあるものではありません。

今、自分がいる場所の延長線上にある将来は、自分でも、どんなものかすでに予想がつくはずです。

本当の夢とは、現状維持という呪縛を解き放つためにも持つべきです。

それらは、叶える方法すら解らない突飛な夢のはずです。

また、自分の過去や現在をも揺るがすほどの、とてつもない夢だったりもします。

だから、〝夢〟なのです。

あなたにも、きっと、そんな本当の夢があるはずです。

それは、あなたの心の奥深いところに隠れています。

例えば、たとえ、どんなに酔っぱらってもこれだけは絶対に誰にも言わない、いや、誰にも知られたくない、という自分だけの究極の秘密のようなものはありませんか？

そんな、自分の奥の奥にある、〝取扱い注意〟になっている熱い思いこそが、実は、あなたの情熱の源泉なのです。

普段のあなたは、そのタブーに近いほどの熱い思いは、しらふの状態では、あまりにもとてつもなく大きすぎて、直接、向き合うことができないのです。

なぜならば、それは、どう考えても非現実的で、絶対に叶わないと信じているからです。

けれども、それらのアンタッチャブルな思いに、一度、どこかで直接対決しなければなりません。

そのためにも、一度思い切って、それらを紙に書き出してみるのです。

それは、もしかして夢というものとは少し違い、「お金にものをいわせて、好き放題なことをしたい」とか、「世の中の男を、すべてひざまずかせたい」などという願望のようなものかもしれません。

もちろん、それでも構いません。

「もし、それが可能になるなら、自分はどうするだろう?」

「どうして、そうしたいのだろう?」

「その次には、何をしたいのだろう?」

というところまで、じっくりと掘り下げてみるのです。
すると、その願望を持っている自分という存在が赤裸々に見えてくるはずです。

人には決して言えない、自分でも口に出せないくらいの情熱の源泉にある、あなたが本当に望んでいるウォンツを、まずは自分で見つめることから、夢への第一歩が始まるのです。

やがて、その第一歩が、あなたの直感や運も、他の人の才能も、そして、今の時代をも巻き込んでいくことになるかもしれないのです。
そんな渦の中心で、あなたもこの世界を自由に動かしてみたくありませんか？

＊副業のすすめ

今日、本業の他に、副業を持つ人が増えてきました。

また、副業は〝複業〟とも表現されるようになってきました。

つまり、2つ以上の仕事を持つ人が増えてきたのです。

今ではサラリーマンの若手社員（25～39歳）の5人に一人は副業を持っているという*調査結果があったり、また、**大手製造会社10社が副業を認めているというデータもあったりします。

かつては、副業というと、本業の稼ぎをサポートするための内職的な、どちらかというとマイナスのイメージがあったものですが、現在は、副業を持つ方が社会的にもお金を借りる時に信用度が高かったり、また、色々なことができる有能な人材である見なされるようなプラスのイメージに変わってきています。

＊インテンリジェンス社調べ（http://bizmakoto.jp/makoto/articles/1109/28/news057.html）

＊＊共同通信社調べ（http://www.47news.jp/CN/200904/CN2009040901000553.html）

確かに、副業を持つ、持たないということは別にしても、雇用する企業側としても、もし、社員を雇うのだったら、多機能な人や多才な人を採用したいのではないでしょうか？

例えば、ある一人の社員が経理もできれば、デザインソフトもいじることができ、キャッチコピーも作れれば、会社としては一人の社員を雇うことで、数人分の社員を雇ったことになるわけです。また、飲み会での宴会部長としてのキャラクターや皆を仕切る技だって、ひとつの才能だといえるのです。

基本的に、副業を持つメリットは幾つかありますが、やはりなんといっても、まずは、経済的なメリットが大きいことです。

例えばそれは、飛行機で言うと、フライト中にメインのエンジンが故障しても、他のエンジンを稼働して飛び続けることができるということです。

不安定な今の時代では、副業があるということだけで、心の余裕も生まれてくるのです。

また、幾つかの仕事を持つことで、それぞれの仕事の視点から世の中を複眼的に見ることもできます。

ひとつの会社に勤めているだけだと、その会社の窓からしか外の景色は見ることができません。

見晴らしのいい大きな部屋にいる大企業の社長でさえも、ひとつの方向からしか景色は見られないのです。

けれども、複数の仕事があると、たとえ小さい窓でも、幾つもの窓からこの世界を見ることができるようになるのです。

例えば、幾つかの副業がある場合、ネットの広告収入システムの副業であるアフィリエイトでは入ってくるお金は少ないけれども、アフィリエイトの考え方で、こっちの仕事の問題が解決できるな、という風に立体的に物事を見ることができるようになるのです。

副業で本業を越えるお金を稼ぐことは難しいかもしれません。

でも、副業を持つことは、あなたに心のゆとりと複眼的な視点を与えてくれるはずです。

また、どんな副業を持てばいいかわからない、という人もいると思います。

そんな人へのアドバイスは、とにかく、好きなこと、楽しいと思うことをどんどんやってみるということです。そして、ダメだったらどんどんやめるのです。

実際に僕も、17種類もの仕事を持っていますが、色々試してみて、上手く行ったもの、やっていて楽しいものだけが今は手元に残っています。

一時は、「陶芸家になる！」と決心したこともありますが、カルチャーセンターの三日間コースに通って、2日目で諦めました（笑）。

とにかく、「頑張らないとダメだ！」とか「始めたら途中で挫折してはいけない」などとストイックに考えすぎないことです。

何かを始めるのが苦手な人は、やめるのも苦手なはずです。

だからこそ、自分にやさしい基準を設定して、何しろ、副業なのだから「いつでもやめていいんだ」というくらいの気持ちでトライしてみてください。

＊やりたいことがわからない時は、動線を変える

何かやってみたい……。

でも、自分が何をやりたいかも、また、何が面白そうなのかもわからないという人へ。

そんな人は、たぶん、今、あなたが普段の日常生活の中で会っている人々の中からは、自分に面白いことのインスピレーション、つまり直感を授けてくれる人がいないということです。

そのような場合は、バーで皿洗いなどをしてみるのもいいと思います。

もちろん、バーの皿洗いを副業としてお金を稼ごうとするわけではありません。

ポイントは、とにかく、今、自分が会っている人と違う人々と会うようにするのです。

色々な種類の人、面白い人が行き交う場所で、まずは、新たな人脈探しから始めてみてください。

また、普段の仕事で名刺交換をする際に、「何か面白いことを探しています」といって、

名刺交換をしたっていいのです。いつもこのフレーズを言い続けていると、何十回目くらいには、「面白いことあるよ。やってみない？」という人だって登場してくるはずです。

とにかく、やってみたいこと、面白いことの直感が湧かない人は、自分の普段の動線を変えてみるのです。

サラリーマンなら、「自宅↓会社↓飲み屋」、そして、小さな子供を持つ主婦ならば、「自宅↓スーパー↓公園」という〝魔の三角地帯〟から出ることです。

今の時代は、ネットや他のメディアからも情報は十分に得られますが、本当に使える情報は人が運んでくるものなのです。

まずは、いつもと違う空間に自分の身を置くことから始めてみてください。

きっと、新しい直感があなたにも降りて来るはずです。

＊新規事業を興す時のルール

また、新しい事業を自分で興してみたい、という人もいるでしょう。

ライブドアの元社長であるあのホリエモンこと堀江貴文氏が、新規事業を興す時のコツを４つ、次のように述べています。

①初期投資の少ないものにする……回収するまでに時間がかかりすぎないこと

②ランニングコストがかからないものにする……人件費、事務所の家賃などのキャッシュフローの負担を少なくする。

③在庫を持たない……捌《さば》ける前に時代の流行が変わるので在庫を持つことは避ける

④利益が少なくてもいいから、確実に継続的に入ってくる事業を選ぶこと

これを見ても、やはり、どれだけ身軽に、そしてシンプルに事業を興せるか、という

ことがポイントになっているかがわかると思います。

いつでも思い立ったらスタートして、いつでも撤退する準備をしておく。

そんなフレキシブルなスタンスで、でも、誰よりも負けないアツい情熱だけは持っている、というのが新しく事業を成功させるためのコツなのかもしれません。

＊転職する時は、次の会社を決めてから

あなたは、転職をしたことがありますか？

今の時代は、転職を繰り返すことも、決して悪いイメージではなくなっています。

世間的にはキャリアアップのための転職をするとなると、一回か二回くらいが常識で、転職を繰り返す人は、落ち着きがない人だ、または、辛抱強さがない人だという風に見られがちです。

けれども、自分にとっての天職が見つかるまで、幾つかの会社を体験することになる

のも、そんなに悪いことではないと思うのです。

なぜならば、あなた自身も変化して成長し、企業の方も時代に合わせて変化していくという環境の中で、新卒として就職した企業が自分の一生の仕事になるという確証は、もはやどこにもないからです。

ただし、できれば、転職をする時は、次の会社をきちんと決めてから今の会社をやめるというのがベターでしょう。

失業保険をもらいながら、ゆっくり次の進路を考える、というケースもあるとは思います。

けれども、ある知り合いの企業の人事の担当は、採用の基準のひとつとして、現在の仕事をやめてから自分の会社に応募してくる人は採用しないという基準があると語っていました。

そのような人は、たぶん、後先考えずに見切り発車をする傾向があるはずだから、きっと採用しても、業務において同じような支障が出てしまうという風に見なすそうなのです。

転職を考える人は、焦らずに、今のポジションにいながら、次の進路をじっくり考えてみてください。

会社をやめたいと思って色々と他の会社を調べていると、意外にも今の自分の会社って悪くないんだな、ということがわかったりもします。

転職しようと思ったら、逆に、今の会社の良さがわかり、今の会社に居続けることにした、ということもよくあるものです。

それは、守りに入ったというわけではなく、転職することで失敗せずに済んだということだったりもするので、新たな選択になるわけです。

転職をせずに、天職が見つかっている人はラッキーです。

けれども、今の自分の仕事に疑問を持つということは、自分自身の将来について真剣に考えている証拠です。

転職というプロセスを経て天職に辿り着けるなら、それは、素晴らしいことだと思います。

若者よ、海外へ出よ

今、海外に豊かさの岐路を見つけようとする日本人も少しずつ増えてきています。

また、海外で起業したり、海外に居住して何らかの形で生計を立てている日本人のことを称して「和僑《わきょう》（華僑という、中国系のルーツを持ち世界各地に移住して事業を興す人々のことを指す言葉から作った造語）」と呼ぶ言い方も定着し始め、アジアを拠点に世界各地で和僑を組織化するような活動も始まっているようです。

僕は、日本の若者たちはどんどん世界へ出て行くべきだと思います。

日本にいることで限界や閉塞感を感じるなら、海外へ新たなチャンスを見つけようとすることもひとつの道だと思うのです。

かつては、日本から海外へ出て行く人のイメージは、まずは、いい高校へ入って、そこからいい大学へ行き、そして海外拠点を持つ総合商社や大手メーカーなどの一流企業へ入る、というようなルート以外はあまり考えられませんでした。

つまり、よほどのことでない限り、そのルートに乗ることができた人しか仕事で海外へ出て行くチャンスはなかったのです。

ところが今では、スポーツの世界などで10代からでも実力があれば海外へ出て行き、現地の言葉を話しながら世界中でボーダレスに活躍をするような若者たちも増えてきています。

米国の経営学者で経営コンサルタントのロバート・E・ケリーという人が、彼の著書『The Gold-Collar Worker（邦題：ゴールドカラー　ビジネスを動かす新人類たち）』の中で提案した造語に、「ゴールドカラー」という言葉があります。これは、「ホワイトカラー」や「ブルーカラー」などの言葉に対して、新しい職種層や労働力の質を表現するために作られた言葉です。

　ご存じのようにホワイトカラーとは、背広に白襟、ネクタイ姿で仕事をする人という意味で、知的で頭を使う労働に従事する、いわゆるオフィスでＰＣの前に座っているような人々のことです。

　また、ブルーの作業着を着た人々という言葉がイメージのブルーカラーとは、ラインの前で現場の作業に従事するような肉体労働をする人々のことです。

　そして、新しい造語、ゴールドカラーとは、組織や企業に依存することなく、自立して自身の専門能力を活かせる人、また、そのフレキシビリティで世界に股をかけて活躍できる人のことを指します。


　今、このようなゴールドカラーな人々が世界的に増えてきている中で、日本人はまだ少し世界に後れを取っているようです。

　例えば、アメリカのカリフォルニア州在住の中国人は１１５万人に対して、日本人の数はその約４分の１の約27万人なのだそうです。[*] もちろん、もともと人口が多く、移民が多い中国のケースと一概に比較するわけにはいきませんが、それでも留学などを含めても、海外へ出て行く日本人の若者は少ないのです。もし、日本にいる限り低い年収にしかならない現実があり、その中でダウンサイジングの幸せを見つけようとしている人の中で、海外なら同じ労働条件でも年収が増えるという話があったりするのならば、やはり、海外へ出ることも自身の可能性を広げる生き方のひとつだと思うのです。

そのためにも、まずは、「自分は、どんな生き方をしたいのだろう?」ということを考えてみて欲しいのです。

*アメリカ地域ランキング/米国勢調査局 2010年
http://us-ranking.jpn.org/SF1PCT0050011PerP.html
http://us-ranking.jpn.org/SF1PCT0050007PerP.html

＊自分を見失わないために

のです。

「自分は、どんな生き方をしたいのだろう？」と考えられるのは、幸せなことでもある

なぜならば、僕たちの前の世代の人々は、そんなことを考える余裕のない時代を生きてきたからです。

戦後の焼け野原の状態から、次の世代が欧米社会並みにいい暮らしができるようにと、ただがむしゃらに頑張って働いてくれたのが、祖父や父親の世代の人々です。

彼らの頑張りのおかげで日本は戦後の復興期から60年代の後半には、あっと言う間に世界第二位の経済大国になり、高度経済成長期を経てバブル期を迎えました。

ところが、世界的な経済不況に突入すると、そんなに頑張ってくれた親の世代が、目の前で倒産やリストラという憂き目にあってしまったのです。

そうすると、そんな父親を見てきた子供の世代は、何を信じていいのかわからなくなっ

てしまいました。すべてを犠牲にして生きてきたはずの人たちが、こんな風になってしまう、ということを目の当たりにすると、もう、父親を目標にして、父親のようになりたいとも思えなくなったのです。

今日、あまりに変化が激しい時代を生きている今の若者たちには、誰かの生き方をモデルにする、ということが難しくなってきています。

例えば、右肩上がりのいい時代しか知らない母親だと、娘にこんなことを言うかもしれません。

「はやく結婚して、子供を産んで、家を建てなさいよ」

そんな母親の願いは、今の日本の状況では、少し無理かもしれません。

結婚はしたとしても、経済的に余裕ができるまで子作りの計画を遅らせなくてはならないかもしれないし、若い世代の誰もが一軒家を建てるなんて、経済が右上がりではない今、とても難しい時代です。

両親たちの生き方も、すでにその子供たちにとってはロールモデルにならない今、それぞれが自分なりの生き方を見つけなければならないのです。

時代の流れの中で、社会や産業、テクノロジーに人間関係もすべてが変化していきます。その中で、自分自身の軸をしっかり持って、自分はこっちの方向へ行くのだ、こうなりたいのだ、という確固とした自己がないと、すぐに周囲の波に飲み込まれてしまいます。

情報なども、昔はどれだけたくさんの情報を手に入れるか、というスタンスでしたが、今では何を受け取り、何を捨てるか、情報を取捨選択する時代になっています。

今や、デジタルライフを送る中で、「デジタルデトックス」という言葉も聞かれるようになりました。

常に情報と繋がるオンラインの状態ではなく、たまにはオフラインの時間を作ってネットから離れるようにしたり、また、ＳＮＳなどのソーシャルメディアもあえてやめることにした、という人も出てきたのです。

〝繋がり〟を持つことが、つい中毒化してしまうデジタルライフにおいては、自分なりのデジタルのレギュレーションを持つことも自分を見失わないでおくコツなのです。

人間同士の付き合いにおいても同様のことが言えます。

人間も、それぞれが、それぞれのペースで変化しているのです。

あんなに親しかったはずの友人なのに疎遠になってしまった、あんなに信じていたのに裏切られてしまったなどということがあっても、人は成長のスピードが違うものなのだと理解することで、一喜一憂しすぎないことです。

たとえ孤独感や疎外感を感じることがあったとしても、人間関係における自分なりの距離感を掴んでおくことで、周囲に振り回されず、感情も揺らがない自分自身を保つことができるのです。

豊かさへの Lesson 4

子供の頃に得意だった事に
天職のヒントがあります。
天職に就くことで、豊かな人生が送れるのです。

by Lynn

夢を夢のままにせず、掘り下げてみよう。
天職が見つかるまで、転職だってＯＫ。
どんどんトライすれば、
好きなものだけ手元に残る。

by Takumi

第5章

怖れを手放し、苦悩を乗り切る

Lynn's Comments

by リン・A・ロビンソン

いったん谷底に足を踏み入れることなくしては、山頂に立つことは望めない。

リック・ベネトー（作家）

苦しみのあとにこそ、成功がやってくる

自己啓発について書かれた文章の多くは、人生の転機も苦労せずにラクラク乗り越え

られるものだという印象を抱かせる内容になっています。

失業？――来週中に年収十万ドルが約束される仕事を獲得するための、「4つの秘訣」。

離婚？――これから出会う男性を虜にする、とっておきの「8つのデートの秘訣」。

破産？――億万長者への道を思い描こう！

というような具合に。

そのために、挫折を体験しても立ち直れないのなら、それは自分のせいだと不安になる人もいます。

なぜならば、他の人たちは楽々とそれを踏み越えているように見えるのですから。

私自身もかつては、変化を求めていました。

仕事に嫌気がさしていた24歳の当時の私は、新しい冒険を探していたのです。

そんなとき、ニューヨーク州北部に新しくできた会社が求人募集をしていることを知り、さっそく応募して面接に行きました。

それから一週間後、採用が決まったという連絡を受けました。

そこで職場の上司に退職することを伝え、アパートをたたんで友人たちに別れを告げて、その数日後には猫と一緒に新しい道に踏み出したのです。

ところがその道は、いきなり下り坂になってしまいました。

勤め始めて二ヵ月後に、突然会社が倒産してしまったのです。


知らない町に暮らし始めたばかりの私には、友人もいなければ、引っ越しと新生活の準備にわずかな貯えも使い果たして、資金もほとんど残っていませんでした。

打ちひしがれ、孤独と不安でいっぱいでした。

「こんなに早々と人生の敗残者になってしまうなんて、思ってもいなかった」と茫然自失の状態で、不安と無力感にとらわれて何ヵ月も過ごしていたのです。

当時の私の頭の中を読み取ることができる人がいたとすれば、恐怖と不安が嵐のように渦巻いていたことがわかったことでしょう。

「私には才能がない」

「無一文で路上で暮らすことになってしまうかもしれない」

「次の仕事を探したいけれど、経験もスキルもない」というようなことばかりを考えながら、職を探す気力もなく、手も足も出せずにいたのでした。


私としては、人の役に立つ仕事をしたいという漠然とした思いと、精神世界に対する自分の関心には気付いていましたが、それがわかっていても具体的な職探しに結びつけることができずにいたのです。

私にできた唯一の行動は、ただ、かすかな直感を信じながら、「すべてがうまくいきますように」と神に祈ることだけでした。


そして、その祈りに答えがもたらされたのは、ある朝のことでした。

新聞をめくっていると、その晩に直感の開発をテーマにするセミナーが開催されるという記事が目に飛び込んできたのです。

それは私が長い間興味を持ってきたテーマだったことから、参加することを決めました。

結果的に、私はこれをきっかけにして、自分には「人の心を読む」才能があることがわかり、その道で収入が得られる道が開けてきたのです。

またその会場では、引っ越して間もない私のためにパーティを開き、友人たちに紹介してくれるという素晴らしい女性にも出会いました。

そして、そのパーティの席で、自分のこれからの仕事を話したところ、大勢の人たちが私に予約を申し込んでくれたのです。

こうして、私の新しい仕事は誕生しました。

振り返れば、引っ越しも失業も、私にとっては恩恵にほかならなかったのです。

このようなプロセスを経て、新しいキャリア、新たな生き方への手がかり、自分と同じような考え方をする友人たちに恵まれ、本当にやりがいを感じる道へ踏み出すことができたのでした。

あなたも、自分を挫折の渦中にあるように感じているかもしれません。

仕事を失ったり、今にも破産しそうだったり、厳しい離婚訴訟のいざこざのさなかにあったりすれば、早くそこから抜け出したいと、辛く苦しい時を過ごしていることでしょう。

そのような時期には、自分のふがいなさ、欠乏、失敗、といった最も深い部分にある恐怖と向き合わざるを得ません。

けれども、著述家のポール・ブラントンは、次のように述べています。

「人生で起こるあらゆる出来事が精神を成長させる糧になるのであれば、本当に悪い状況というものはひとつもない」

どんな人にも、闇の時期はやってくる。
問題は、それを体験することになるかどうかではなく、
それを迎えたときにどうするかという点なのだ。
そのような暗闇を避けて通ることを目指すとすれば、
決して光を知ることはできない。
また苦痛を避けて通ることを目指すとすれば、
本当の喜びを知ることができない。
闇の中の辛い時期を前向きに受け入れることで、
神様は、そのみわざをもっとも力強く発揮してくださるのである。

メリー・マニン・モリッシー（ライフ・コーチ）

苦しい時期は永遠に続かない

直感は、人生を大きな視点で捉えて、私たちが先へ進んでいくために学びがあることを知っています。

予期していなかった災難が降りかかってきたときは、忍耐と希望、信じる心を大切にしてください。

失敗するために生まれてきた人はいません。

そのような時期に、宇宙には大意があることを信頼するというのは難しいことかもしれませんが、それが一番抵抗の少ない道にほかならないのです。

流れに従いながら、その先には新しい人生が始まろうとしているのだということをわかっておいてください。

辛い時期は、必ず終わりがきます。

挫折感にとらわれている間は、それはどこまでも続いていくと思えるかもしれませんが、人生で味わう辛い時期は比較短期間で過ぎ去るのが普通です。

私たちは誰もが失敗を体験するということを、忘れないでいてください。

俳優のミッキー・ルーニーが言うように、「成功への道を進むときは、必ず挫折を踏み越えていかなければならない」ものなのです。

もうひとつ、挫折というのは、自分が身を置いている出来事、もしくは状況に過ぎないことも忘れないでおいてください。

本当の危険は、自分自身を失敗とみなし始めたときに訪れるのです。

足元が揺らぎ始めると、私たちは神に救いを求めるが、
足元を揺らしていたのは、神その人だったことを知ることになるのである。

チャールズ・C・ウェスト（宗教家）

心配する習慣を断つ

キャシーは、相当なお金持ちなのですが、本人は自分を貧しいと感じていてこんなことを言うのです。

「今年の夏は、いつもの世界一周の旅行に出られるかどうか、不安なの」と。

これを読んで冗談じゃないと笑う人も多いかもしれませんが、彼女は本当に、見るからに不安そうだったのです。

心配は、私たちの頭に否定的な顛末のイメージを描き出します。

その情景は真に迫って感じられ、感情もそれに呼応するようになります。

恐怖や不安や絶望感がだんだん大きくなってくるのです。

そして、やがてその不安が大きな苦痛を生み出してしまうのです。

『心配をなくす50の方法』を書いたエドワード・M・ハロウェル医学博士は、「不安とは、驚くほど一般的に見られる現象である。アメリカ人の4人に一人が、生涯を通じてどこかの時点で不安障害の範疇に鑑別される危機に追い込まれている」と記しています。

キャシーの場合とは異なり、私たちの大多数が心配するのは、もう少し生活に密着したことです。

「今月の住宅ローンが払えるだろうか」

「夫が職を失ったらどうすればいいのか」

「クレジットカード・ローンを使い果たしてしまった。どうやって返済すればいいのか見当もつかない。誰か助けてくれ！」という具合です。

不安が大きくなってくると、リスクを負うことや新たなものに挑戦することに臆病になってきます。

心配は、私たちの豊かさを奪い去るのです。

それはまた、心の安らぎを奪い、本来受け取ることができるはずの豊かで充実した生き方も遠ざけてしまいます。

状況が変わらない限りは、その状態が永遠に続くように思われてきて、だんだん希望をなくし、絶望的な心境に陥ってしまうことになります。

そこで、あなたが不安に襲われたときは、次に挙げる指針を参考にしてみてください。

❶ 不安の中身を観察する

どのようなことに不安を感じますか？　自分の不安を観察して、その内容を書き出してみてください。特に、気持ちをかき乱される意識や言葉に注意します。

精神的な安らぎを得るための最初の一歩は、自分はどのようなことに不安になる習性があるかを認識することです。

❷ 意識を切り替える

不安の傾向がわかると、自分の不安には、特定のテーマがあることに気がつくかもしれません。例えば、「自分は運に見放されている」「ずっと貧乏は続く」というような思い込みなど。これらの意識を前向きなものに変えるためにも、平和な心になれる発想に置き換えてみるのです。もし、不安が湧き上がってきたら、「心配していることは、起こらない」「辛い時期は乗り越えられる」などと語りかけてみるのです。肯定的な考え方を心がければ、暗い気持ちが明るくなって、バランスが回復してきます。

③気を紛らわせる

苦しい状況の中で、もはや、意識さえも切り替えることが難しいときは、思い切って気を紛らわせることをしてください。不安な気持ちを無理やりにでも引き剥がすのです。外へ出てみる、猫と遊ぶ、犬を散歩に連れて行く、近所の人とおしゃべりをする、面白そうな本を読む、パートナーと特別なディナーを楽しむetc.。次の週末の楽しい計画を考えてください。さあ、あなたは、どんなことで気分を紛らわせますか?

④独創性を活かす

不安への対応については、ユニークでさまざまな対処法があります。例えば、クリフは不安の内容を紙に書き、「心配事の箱」に入れています。年に一度、中身を開けて点検してみると、そこに書いたことの99パーセントは取り越し苦労に過ぎなかったことがわかるそうです。また、ケイトは、オフィスに「嘆きの人形」を置いて、上手くいかないときに、その人形に向かって「これから先は、あなたが心配してね」と言って心配事を手放すそうです。あなたも、不安に対応する独創的な方法を考えてみてください。

⑤行動する

不安に身を任せていると、そのうちに精神的な無力感にとらわれてしまいます。不安を解消するためには、行動するのが一番です。まずは、自分の最大の不安を書き出してみましょう。続けて、それを解消するために役立ちそうな方法を4つ程度挙げてください。対応策は、仰々しいものである必要はありません。むしろ気軽に取り組めるものの方が効果的です。その方が実行できる可能性が高いからです。

⑥ 身体を動かす

運動はどんなものも不安を軽減してくれます。身体を動かすことによって、天然の鎮痛剤であるエンドルフィンが生産されるからです。ヨガ、ウォーキング、水泳、サイクリングなど、楽しんで取り組める運動をして、身体を動かしてください。運動は睡眠を促し、食べすぎを抑制し、集中力を高め、不安をコントロールすることにも効果があります。

⑦ 祈る、または瞑想する

悩みを神に相談してください。それも、素直な自分の言葉で語りかけるのが一番です。どんなことでも、不安に思うことはすべて打ち明けて相談してみてください。瞑想して心を鎮めるということができない場合には、5分間だけ静かに椅子に腰掛けながら、「宇宙は豊穣さに満ちている」「必要なものは神が与えてくれる」「恐怖も不安も手放し、すべて順調に展開することを信じよう」というような、気持ちを楽にしてくれる文句を唱えてください。

不安を自覚し、その対応策が考えられるようになると、不安が消えていくことがわかります。

それまで悩まされ続けてきた胸騒ぎに代わって、ゆったりした穏やかな安らぎが得られるでしょう。

これまでに心配してきたことの
98パーセントは、取り越し苦労に過ぎなかった。
マーク・トウェイン（作家）

〝5分間〟だけ不安になる

真の繁栄を手にするためには、怖れを手放す必要があります。

お金に関わる問題について安らかな心境になれない限りは、どれほど財産があっても本当の繁栄は望めません。

けれども、それでも、どうしても不安な気持ちになることを抑えられないという場合には、一日に特定の時間を決めて、5分間に限ってそれを考えるようにしましょう。

5分間だけ、不安になることを自分に許すのです。

その時は、同時に気分が楽になるような言葉も用意しておきましょう。

「この問題については、今、神様が取り組んでくださっている」

「私はお金の問題がすべてうまくいくことを信じる」

「私は新しく開ける収入の道を受け入れる準備ができている」というように。

そして、それをいつも口にしてください。

神様はすべてを心得ておられる。
私が口を挟んだりする必要はないのだ。
神様にすべてを任せきれば、
最終的には何事もいちばんいい形に収まってくれる。
もしそうならば、何を心配することがあるだろう。

ヘンリー・フォード（企業家）

Takumi's ✻ Comments

by 山﨑 拓巳

✻落ち込んだら、視点を変えてみる

「山﨑さんって、落ち込んだりすることあるんですか?」

と聞かれることがあります。

答えは、もちろん、イエスです。

僕だって、当然、人間ですから落ち込んだりすることはあります。

けれども、できるだけ早く、さっと気持ちを切り替えて、落ち込んでいる状態から離れるようにしています。

なぜならば、落ち込むということは、とても苦しく、とても体力を消耗するからです。あまりにも苦しすぎて、その場所に留まっていられないのです。

だから、ずっと落ち込んだままの人がいると、「その人は、精神的体力がある人だ」と思ってしまうくらいです。


仕事で目標を達成することができなくて、評価も落ちてしまった。

「あんなにも頑張ったのに。どうして？　これから、どうすればいいんだろう？」と思っているうちは、目標が達成できなかった自分のことを、まだ受け入れられていない状況です。

この受け入れることができない期間が、精神的に苦しい時期なのです。

けれども、一度受け入れることが出来さえすれば、ほんの少し視点を変えることも可能になり、「じゃあ、もうこの際、ワクワクすることをやってみようか」という風に気持ちが切り替えられたりするのです。

例えば、交通事故に遭ってて、新車はダメになってしまったけれども、他の人や自分はケガもせずに済んだ、という場合。

やはり、まず大切なことは、「事故をした」という「事実」を受け入れることです。

その上で、現状をどのように意味付けるかで、あなたの気持ちの持ち方は大きく変わってくるのです。

例えば、「新車がダメになった」「新車なのに、どうしてくれる」という意識でいる限り、ずっと苦しんでしまいます。

そんな時は、「車はダメになってしまったけれども、大事に至らなくてよかった」「誰を巻き込むこともなく、命は無事でよかった」と「車」から「命」に視点が変えられるかどうかが鍵です。

「車が……」と言っている限り、「まだ、そんなこと言っているの？　それだと、苦しくない？」となるわけです。

これは、自分を丸の形にたとえた考え方（Ｐ94〜97）と同じで、今、ある自分の状況を受け入れて、これでも十分だ、これでも満ち足りている、と思える、ということと同じ考え方です。

「事実」にどんな「意味付け」をするかはあなた次第です。

ダライ・ラマは、次のように言っています。

「解決法があるのなら、悩むなかれ。ただ、そのとおりにやればよい。解決法がないなら、悩むなかれ。何もすることはないのだから」

そうなのです。結局、解決法があってもなくても、悩まなくていい、とダライ・ラマは言ってくれるのです。

僕もそんな状況にしょっちゅう出会うからこそ、この言葉が好きなのです。

また、アメリカ先住民のホピ族が神様に捧げた言葉も、いつも心のどこかに置いています。

「変えられるものを変える勇気と、変えられないものを受け入れる広い心と、そして、その違いがわかる知恵をありがとう」

ときには、「知恵」は、他の誰かに頼ってもいいと思うのです。

何かに悩んだ時、困った時、あなたが自分で下す決断にもし自信が持てない時は、頼れる誰かにセカンド・オピニオンを、さらに別のサード・オピニオンを仰ぐなどして自分以外の意見も聞いてみるのもひとつの方法です。

＊悩みを解決しようとするより、悩みの〝おおもと〟を消す

もちろん、苦しいときは、心療内科や精神科のような心のプロフェッショナルの所に行くのもいいでしょう。

けれども、クリニックに行くのにもかなり勇気が必要だったりします。

実際には、そんな勇気があれば、もう問題は解決できたりするかもしれません。

やはり、日本人は、まだまだアメリカなどに比べて、気軽に心のドクターやセラピストのところに相談に行くのは少しハードルが高かったりするのが現実です。

ちなみに、僕が気持ちの切り替えをするときは、瞑想をよく用います。

夜、寝る前に、自分なりの呼吸法（1分間でゆっくりとした4、5回の呼吸にすると、2分後にはリラックスしたα波の状態になれる）で、自分の中にある「いらないもの」「取り除きたいもの」が自分の身体から煙になって出て行く様子をイメージしながら眠りにつくのです。

また、今の現実を創り出しているのは、自分自身の認識がそうさせているので、瞑想をしながら、その認識の基盤をひとつずつ、「パチン！」と指ではじくようにして、自分のイメージの中で消してゆく方法も効果的です。

例えば、何かに悩み苦しんでいるならば、その問題をなんとか解決しようとして深みにはまっていくよりも、その苦しみを創り出している自分の認識の〝おおもと〟そのものを消していくのです。

それは、あなたを苦しめている原因や状況に対して、自分は苦しむべきだ、と思わせているものです。それを消して、認識できなくなったら、もう、認識できないという認識をしていることになるので、その認識の基盤さえも消していきます。

こうして、認識の奥にある認識を次々と順番に消してゆくのです。

すると、あなたの中に、すっぽりとスペースができているはずです。

そのスペースの向こうには、透明で美しく、叡智がつまった世界があります。

そこへ行けると、得も言われぬ幸福感と温かさを感じることができます。

そこが、いわゆる深層意識のある場所だと思っています。


その場所へ行く方法は、さまざまある瞑想法や呼吸法などを自分なりに試してみて、あまり形式にこだわらずに、自分にぴったりの方法を見つけるのがいいでしょう。

今では僕もこの方法で、どんなに混乱していても、どんなに苦境に陥りそうになっても、1分間で気持ちをすっきり切り替えることができるようになりました。

＊簡単に気持ちを切り替える方法

けれども、瞑想をしても、深層意識にアクセスできないという人も中にはいるかもしれません。

そんな人が最も簡単に深層意識と繋がる方法は、睡眠です。

寝ている時は、誰もが深層意識と繋がり、そこから無意識に知恵や情報を得ているものですが、悩んでいる問題がある時などは、寝て起きたら問題が問題ではなくなっていることも多いものです。

シンプルに、ただ眠ることで、自然に気持ちの切り替えができていたりするのです。

その他、気持ちを切り替えるための簡単な方法を幾つかご紹介します。

❶入浴

少しぬるめのお湯での半身浴がベストです。一気に汗が噴き出すまでのんびりと湯船に浸かりましょう。じわじわと体温を上げて汗をかくことで、もやもやしたものが汗と一緒に溶けだして、すっきりとした気持ちになれます。

❷散歩

散歩をすることも、気持ちをリフレッシュして簡単に意識を切り替えられる方法です。特に、同じリズムでウォーキングをすることによって、精神のバランスを整え、幸福感を感じられる神経伝達物質である「セロトニン」も増えるので一石二鳥です。

❸問題を紙に書き出す

頭の中であれこれ考えずに、自分の悩んでいることを一旦、紙に書き出します。問題が頭の中から外に出ることで、「実は、あの問題とこの問題は、一緒のことだったんだ」「この問題は、あの問題が解決すれば、こちらも解決するんだ」などとロジカルに、そして客観的に自分の悩みや問題を分析することができるようになります。自分の悩みから客観的になれるということは、すでにあなたの気持ちは切り替わり始めているのです。

最後に、「どんなに辛いことも、やがて想い出に変わる」とはよくいわれる言葉ですが、それを自分で試してみる方法もありだと思います。

辛いことも時間が経つと、「あんなことがあったよね」と後で笑いながら思い出したりできるものですが、未来の時点でそう思えるなら、今もそんなに苦しまなくてもいいはずなのです。

そこで、もし、あなたが、何かに苦しんでいるのなら、数ヵ月後や1年後の未来にフラッグを立てておくのです。

フラッグの立て方は、数ヵ月先の同じ日の自分の手帳やカレンダーなどに「〇〇の問題に直面した」「△△に悩んでいる」などと簡単に記しておく、というような感じでいいと思います。

そして、その時期が来たときに、「あの時、あんなに苦しんでいたのに、今はもう何ともないや。どうしてあんなちっぽけなことで悩んでいたんだろう」と思えたのなら、この実験は成功です。

これからも、どんなに辛い出来事に直面したとしても、未来のあなたは、たぶん、また「全然、大丈夫だった」と思えるはずです。

こうして、苦しんでいる自分という世界の中心にずっと留まり続けるのではなく、「苦しみさえも想い出に変える」というレッスンを重ねるうちに、苦境や困難に免疫ができるだけでなく、自分の状況を俯瞰で見ることができるようになります。

これが可能になれば、あなたは、自身の状況を客観的に判断できるということなので、もう、どんな辛い状況に陥っても意識を簡単にシフトさせることができるはずです。

豊かさへの Lesson 5

✿ 苦しい時期は永遠には続かないと
理解することで乗り越えて。
辛い事も後で気付けば、恩恵だったりするもの。

by Lynn

✱ 苦しむことは、苦しいので、やめましょう。
落ち込んだら、受け入れて、
意識をスパッと切り替える。

by Takumi

第6章

お金を管理する

お金は稼ぐだけでなく、貯めることも大切

老後を不自由せずに暮らしていくための貯えは十分にある。
無駄な買い物さえしなければ。

ハンナ・ホルボーン・グレイ（歴史家）

Lynn's Comments

by リン・A・ロビンソン

ハイテク関連企業で上級管理職というポストについているジョンは、年収として32万5千ドルを得ていますが、クレジットカード・ローンに頼る生活をしています。一方で、医療施設の事務員をしているジャニスは、年収2万8千ドルの中から退職後の生活のために3千ドルを貯金にまわしています。

ポイントは、「いくら稼ぐかではなく、どれだけ残せるか」ということです。

手元に資金があれば、安心して眠ることができるだけでなく、自尊の気持ちも傷つかず、経済的なゆとりが健全な選択を可能にしてくれます。

多額の住宅ローンを抱え、膨大な額のクレジットカード債務を背負いながら充実した生き方をするというのは、まず不可能に近いのです。

借金は才能を活かすことの妨げになる上、賢明な選択も難しくしてしまいます。

反対に、しっかりした財政計画は心と魂の平安だけでなく、経済的な安定性も導いてくれるのです。

私たちは誰しも宇宙の豊かさの流れに乗ることができますが、そのためには、まずは、その流れを自分に取り込む手段が必要になります。

それには、以下のポイントが重要になります。

❶ 自分に合った財テク方法を学ぶ

基本的に、学習の方法は、1読む、2聞く、3実践するという3つの方法があります。自分は、どのスタイルが最も適していると思いますか？　目指す目標は、自分にふさわしい財政管理システムを築くことです。どんな方法が合っているかを、直感の力を借りて考えてください。

❷ 自分の問題を明確化する

自分の問題に直面することは、辛い作業になるかもしれませんが、それでも、経済的な自立を果たすために、以下のポイントをチェックしてみてください。

*純資産はいくらあるのか。

*借金はどれだけあるのか。

*経常収益はいくらか。

*固定費はいくらか。

*固定費以外の支出は何に使っているか。

*住宅ローン、クレジットカード・ローン、貸付金の利率は？

*貸付金利が高いなら、それを引き下げるために何ができるのか。

*借金を完済し、その代わりに（あるいは借金の返済と並行して）貯金をするための資金計画があるのか。


これらを明らかにすると気持ちが滅入るかもしれませんが、ほとんどの人は、具体的な数字や事実を掌握することで気分が楽になることでしょう。この作業を通じて事実を把握したことによって、事態をコントロールしていくためには何をすべきかを検討することができて、力も湧いてくるはずです。

③ 自分の経済状態を改善する案をリストアップしてみる

内なる導きに、「豊かさを得るために、自分には何ができるの？」と問いかけてみてください。そして、思い浮かぶことを片っ端から書き出してください。お金を生み出すアイディアもあれば、お金を運用するアイディアもあるでしょう。どんな発想でも、ここではその是非を分析しないでください。分析してしまうと、自由な発想の流れがせき止められてしまいます。それは、ガレージセールやオークションで不用品を売ることや、ランチに外食する代わりにお弁当を作ることかもしれません。リストアップしたものから、実行できるものを実践してみましょう。

④ 増収分を投資にまわす

昇給やボーナスで増収が得られた場合には、それを投資にまわしてください。それまでの収入でやってこられたのですから、困ることはないはずです。増収分は、それを経済的な自立のための資金と考えるようにしてください。

5 お金持ちの意識を持ちつつも、お金持ちのようには使わない

かつての私は、50ドルが手に入れば、それでネイルサロンに行き、本を買い、外でランチをとるという具合に、お金を数時間で使ってしまっていました。ちょっとした楽しみを味わうことには、何の問題もありませんが、お金を所有するということは、いかにして、それを残すかということでもあるのです。それまでの私は、ちょっと元気になりたいというだけの理由でお金を使っていたのです。それで、いつまでも貯金が貯まらなかったのです。そしてついに、お金を残すことを学ばなければいけないと反省したのです。


見栄や不安、そして無知などに足を引っ張られてはいけません。

収入を上回るような支出は、必ず財政的な破綻に結びつきます。

自分の財政を管理することは、最初のうちは大変なことのように感じられるかもしれませんが、現状を変えるための一歩一歩は、着実に経済的な自立の道へ向かわせてくれ

ます。
そして最後には、繁栄に恵まれた生き方へと到達させてくれるのです。

> 世間では、お金を動かしなさいと言うが、
> 私は、自分が働いて、お金にはゆっくりしていてもらいたい。
>
> ジェリー・セインフェルド（俳優）

安上がりに楽しむ

高価なものを買うこと自体には、なんら問題はありません。

けれども、あなたが豊かさを築き上げるために大切なことは、必ずしも収入を増やすことではなく、稼いだお金を「残すこと」です。

旅行がしたい、新車を買いたい、家が欲しいと願うのはちっとも悪いことではありません。

もし、それらが借金せずに手に入り、貯金を使い果たすこともないのなら、もちろん、問題はありません。

それでも、自分の家、町や地域など、目の前にあるにもかかわらず見過ごしているものは、たくさんあるのではないでしょうか。

宇宙は、安く、さらには、ただで楽しめるものを山ほど提供してくれています。

私はこれに気がついたときから、「安上がりな楽しみの女王」の座を目指して、日常生活レベルで楽しいことを見つけ出すことを心に決めたのです。

毎日の暮らしは、朝起きて、出勤し、帰宅して夕食をとり、子供たちの宿題を見てやってからベッドへ入るという繰り返しがすべてではありません。

娯楽や楽しみは、年に一度か二度の休暇旅行や、高価な電子機器を買い込んだ時の一時的な興奮に限定して考えなくてもいいのです。


あなたが楽しいと思うものは何ですか？

美味しい料理をつくって友人たちに振る舞う、知らない場所を散策する、近所の子供たちとキャッチボールをする、それとも芝居を観に行くことですか？

あるいは、本を読む、何かのクラスを受講するというようなことでしょうか。

オプラ・ウィンフリーは、「心が喜びに舞い上がり、全身でのめり込み、自分自身と周囲との一体感が得られるようなことに注意を向けていれば、必ず次の最善の場所へ導かれていく。ただ、情熱に従う勇気がありさえすればいい」と述べています。

豊かな人生へ向かう大切なステップへいざなってくれるものは、喜びなのです！

人生で本当にかけがえのないものは、
ささやかなさりげないところにあるのだ、ということがわかってきました。
ローラ・インガルス・ワイルダー（作家・教師）

Takumi's Comments

by 山﨑 拓巳

＊お金は使って学ぶ

お金を管理するためには、まずは、お金のことを知らなければいけません。

つまり、自分自身のお金の使い方、自分がお金に置いている価値を理解する必要があるのです。

いくら使って、いくら貯蓄するのか。

自分は何を大切にしていて、何は必要ないのか。

それらを知るために、まずは、最初から貯めることや節約することにフォーカスする前に、一度、思い切って使ってみるのも手です。なぜならば、お金の使い方は、お金を実際に使ってみることからしか学ぶことができないからです。

そのトライ&エラーの中で、今度からこれは必要ない、これはカットできる、いや、やはり、これだけは自分には必要だという、あなただけのお金の優先順位が見えてくるのです。

僕自身も、こんなに頑張って働いたのだから、と一時期はどこへ行くにもタクシーばかりを使ったこともありましたが、今では電車や徒歩、そしてタクシーと使い分けるようにもなりました。また、派手なお金の使い方をしていた時代もありますが、自分なりのトライ&エラーの中で、どんなことにどれだけ使いたいか、というプライオリティもわかり、今ではバランスよくお金を使っていると思います。

そんな過去の学習効果から、逆に、他の人がお金をかけるところに、自分ではお金をかけないところもあり、たまに人から驚かれたりすることもあったりします。

けれどもそれは、節約したいからという理由からではなく、この価値にこれだけのお金は見合わない、と自分なりに判断しているのです。

お金があるなら何でも買ってもいいというスタンスになってしまうと、物の価値がわからなくなってしまい、お金自体を稼げなくなってしまうのです。

＊必要な出費から優先順位をつける

人それぞれによって、幸せの意味は違います。

経営コンサルタント・作家だった故スティーブン・R・コヴィーは、「最も大切なことは、最も大切なことを、最も大切にすることだ」という言葉を遺しています。

あなたにとって、最も大切なこと、最も幸せを感じることは何でしょうか？

ある人は、年に一度、海外旅行に行くことかもしれません。

また、ある人は、仕事をより快適にしてくれるマシーンを購入することかもしれません。きれいなお姉さんのいるお店で、高いお酒を開けることに幸福を感じる人もいることでしょう。

それぞれが大切にしていることを大切にするために、お金は役に立つことがあるのです。

お金をマネジメントする時には、あなたにとってお金をかけるプライオリティを3つくらいの段階で分けておくと便利です。

例えば、一番必要なもの、大切なものを「大きな石」と想定してみてください。二番目に大切なものを「砂利」、そして、三番目に大切なもの＝そこまで重要ではないものを「細かい砂」とし、そして、これら全部を入れるための器をひとつ思い浮かべてみてください。

もし、器の中に、砂利や細かい砂から先に入れた場合、大きな石はあまり入らないか、入ったとしても器の上から飛び出てしまいます。けれども、最初に大きな石を入れた後に、砂利や細かい砂を入れると、それらは、大きな石と石の隙間にするすると入っていき、器の大きさにきちんと収まって、器からはみ出ることはありません。

大切なことは、自分にとって、大切なことを大切にすること。シンプルですが、これができる人は少ないのです。

例えば、同じ額の給料をもらっているはずのＯＬが二人いたとします。

そのうちの一人は、旅行にも行くし、ブランドバッグも持っていて、何故かいつも〝お金まわり〟がよく見えるのに対して、もう一人の方は、いつもお金がない！と不満をこぼしています。

けれども、お金まわりが良く見える方のＯＬは、毎日、ランチにはお弁当を持ってきて、外食を一切せず、締めるところは締めているのかもしれません。

だから、彼女にとって「大きな石」である旅行や、ブランドバッグの購入が可能なのです。一方で、お金がない！と不満を言う方のＯＬは、「砂利」や「小さな砂」にばかり散財してしまっているのです。

＊現金を使い、お金の価値を確認する

今日、あなたは現金を使いましたか？

現在は、キャッシュレスの時代になってしまい、クレジットカードやネット上での決済が普通になり、現金を持ち歩くことも少なくなりました。

1日のうちに、現金を使わずにいようと思えば、地下鉄や電車などの交通手段からコンビニ、スーパー、デパートに至るまですべてカードで決済し、支払いがあればネットでオンライン決済することも可能です。

けれども、お金の価値を再確認するためにも、あえて現金を使ってみるのもおすすめです。

例えば、小銭で買える安いものではなく、少し高い品物を購入するときほど、たまには現金で支払いをしてみると、こんなにたくさんのお金がこれを買うのに必要なのだ、ということを改めて実感できるはずです。

また、給料や報酬もほぼ振込みという形で入ってきますが、デジタル上の数字からだけだと、やはりお金の価値を実感できません。

もし、可能なら、何か時間給の仕事をしてみると、一時間にもらうお金の価値を再確認できるはずです。もしくは、月給を一ヵ月働いた時間で割ってみるのです。

何かを購入する際に、自分はこれを買うために、X時間も働かなくてはならないんだ。果たして、その価値はあるだろうか？　と、その対価を問うことができるのです。その上で納得できたものは、やはりあなたにとって本当に必要なものなのです。

このようにして、お金の価値が掴めてくると、あなたなりにお金の管理ができるようになるでしょう。

ポイントは、無理をしてお金をセーブしすぎないということです。

大事な勝負どころでお金をセーブしてしまうと、チャンスを逃がしてしまうこともあるからです。

例えば、ビジネスに役立つような〝美味しい話〟は、終電の後にしかなかったりするものです。

要するに、終電を気にしなくていい人たちが集まって夜な夜な語り合う中で、新しい何かが生まれているのです。世の中は、終電を気にしないような人たちが回しているのです。

そんな環境に身を置くことを大切に思える人なら、よし、今日はたまにはタクシーで帰ろう、という日があってもいいし、家賃は高くても終電を気にしない都心に引っ越そう、という考え方も、その人の価値観の中ではあってもいいと思うのです。

自分のお金の使い方次第で、人生にミラクルが起きるなら、やっぱりお金は使うべき時には使った方がいいのです。

そして、正しい直感に従いながら気持ち良くお金が使えるようになれば、一旦は出て行くように見えるお金も、いつかはきっと、何倍にもなって自分の元に戻ってくるのです。

豊かさへの Lesson 6

✿ お金を貯めるには、
いくら残せるかがポイント。
お金を使わずに楽しめることも見つけてみて！

by Lynn

✱ でも、その前に、まずはお金を使うべし。
お金との付き合い方がわかれば、
お金をかけるところと、
かけないところが見えてくる。

by Takumi

Takumi & Lynn's Talk

リン×拓巳
対談
vol.3

直感の始まりは〝リアル〟な声から

T：誰もが直感を何らかの形で受け取っているのだと思いますが、リンさんが、意識的に〝直感〟を大切にしようと思い始めたのはいつ頃なのですか?

L：まだ、今のような仕事をするなんて思いもしなかった10代の頃よ。当時から、そして今でもそんなことはほとんどないのに、ある日、突然、リアルな声が聞こえてきたの。インスピレーションなどではなく、きちんと耳に聞こえてくる声だったわ。それは、「これから、人生に起きてくるリスクからは逃げずに、きちんと真正面から臨みなさい」という内容だったの。

T：なかなか厳しく、そして深い一言ですね。

L：そうね。そして、もし、その時の声を無視したり、見逃していたら、きっと今のような私にはなっていなかったでしょうね。サイキック的な能力も、単に占いとか、友人たちに向けて、エンターテイメントなレベルでちょっと楽しむ程度にしか役立てていなかったと思うわ。今みたいに、直感コンサルタントとして、海外でもワークショップをして、沢山の皆さんと出会ったり、直感の本を出版したりしていなかったでしょう。それも、あの時にあの声を聞いてから、人生の中で自分の前に登場するリスクやチャレンジから逃げずに、ひとつずつ正面から立ち向かってきたからだと思うの。ちなみに、拓巳さんは、そういう体験はあるのかしら？

T：ちょっと種類は違うのですが、〝リアルな声〟という意味では一度体験しました。

Takumi & Lynn's Talk

昔、ハワイのマウイ島のパワースポットで有名なある場所に行った時、その場所へ行くのが二度目だったということもあって、一度目ほどの驚きや感動はなかったんです。そうしたら、そこからの帰り道に、車の中で、うとうと眠っていたら、「もう知っているというのは、やめなさい！」っていう声が聞こえてきたんです。ハワイなのに、きちんと日本語で、それも女性の声だったんですよ。思わず、ビックリして目が覚めちゃいました。もしかして、そのときの僕は、自分のアンテナが錆び始めていたのかもしれない。よく、それに似ていることを知っていることから、ついつい「知ってる、知ってる！」って話の流れやノリで言ってしまうことありますよね。思わず、気をつけなくてはと我が身を振り返り、気が引き締まる思いでした。

L：面白い体験ね。でも、私たちは、自分では意識していなくても、習慣的な思考や言動に慣らされていたりするものだから。もう、会話の中で相槌を打つように、習慣的に「知ってる、知ってる！」なんて言ってしまうことがあるわよね。よくわかるわ。それにしても、いつもは好奇心旺盛な拓巳さんでも、当時は、人生にワクワクすることができない時期だったのかもしれないわね。

T：そうかもしれない。それにしても、その人にとって必要なタイミングで、人生に必要なタイミングにおいて、〝リアルな声〟を聞くこともあったりするものなんですね。

L：そうね。でも、もちろん、こういった物理的に聞こえてくる声がベストというわけではないのよ。大抵の場合は、直感やインスピレーションは言語化されずに、微細な形をとってやってくることがほとんどだから。

T：なるほど。やっぱり、〝内なる声〟に耳を傾けることが一番なんですね。

第7章

豊かさは巡る

Lynn's Comments

by リン・A・ロビンソン

私たちは受け取るものによって生活をし、
与えるものによって人生を生きる。

ウィンストン・チャーチル（政治家）

与えるから、戻ってくる

豊かに生きるということ。ここでは、与え、受け取るというのは宇宙の同じひとつのエネルギーであることであると理解することが大切です。

もし、あなたが、与えずに受け取る一方であるならば、〝流れ〟はせき止められるでしょう。

繁栄する人とは、時間、お金、アイディアなど、どんなかたちであれ、受け取るだけでなく与える人でもあるのです。

自分にあるものを与えることによって、流れ込んでくる豊かさはいっそう大きくなります。

ケーブル式ブルドーザーを開発したアメリカ人のR・G・ルトアノは、それを次のような楽しい表現で説明しています。

「シャベルでお金をすくって外へ運び出す。すると、神様がそれをシャベルですくって、また元の場所へ戻してくださる。ところが、神様のシャベルの方が私のそれよりずっと大きいのだ！」

私たちは豊饒な宇宙に生きています。

寛大な行為は、この宇宙の素晴らしい力に触れる道を開いてくれます。

繁栄とは、その流れにほかなりません。

天と繋がることができれば、他者を祝福し、自分の時間や才能を与えるようになってきます。

そしてそのような姿勢こそが、お金やアイディア、繁栄に繋がる状況を、ますますたくさん引き寄せてくる強力なエネルギーを生み出してくれるのです。


お金だけを与えるのではなく、時間やアイディアも差し出してください。

例えば、ボランティアは自分に授かったものを社会に還元する素晴らしい方法です。

あなたが得意とするものは何ですか？

何をするのが好きですか？

これまでに努力して身につけてきた技術や才能をほかの人たちに分けてあげましょう。

どんな人にそれを役立ててもらえるでしょう？

こんな実験をしてみてください。

足りないと思うものについて不満を感じ始めたら、すでに自分が手にしているものの一部を他者に差し出すというものです。

お金が足りないと思うのであれば、慈善事業にささやかな寄付をする、あるいはモーニングコーヒーを運んできてくれるいつものウェイトレスにチップをはずむ、ということを実践してみてください。

通勤の途中ですれ違う見知らぬ人々に、道端のホームレスの人たちに、静かな祝福を送りましょう。

近所の人にちょっとしたことで手を貸してあげる、励ましを必要としている人に電話をする、カードを送る、といったことでもいいでしょう。

与えることは真の豊かさを肯定する行為です。

それは周りの人々との繋がりをも強化します。

与えることで他者に向かう豊かさの流れが、再び自分の元へ注ぎ込んでくるようになるのです。

読者から、こんな手紙を受け取ったこともありました。

「私の元から出て行ったものは、また戻ってくるのだということが、わかるようになりました。私はお金や物（例えば感謝祭に手料理を振る舞うことなども含む）、自分の時間、人に何かをあげるのが大好きです。なぜならば、何かを差し出すと、後できちんと別の形で受け取ることになるのです。それは、お金や品物とは限らず、例えば、孤独を感じる時に友達から電話のおかげで、その一日が明るい気持ちで過ごせた、というような感じでそれを受け取っています」

たとえ借金を抱えているとしても、一ヵ月にほんの５００円を、自分にとって意義があると思えるところへ寄付してみてください。

また、寄付をした時には、その記録と共に、後で寄付をしたことから授かった恵みについても記録をつけておくのもいいでしょう。

クライアントの多くがこれを実践したところ、その後、思いがけない額のお金やチャンス、アイディアが信じられないような形でもたらされたとのことです。

与えることは宇宙への投資

私は寄付のための小切手を切るたびに、「神様、豊かなお恵みに感謝します。これを受け取る人が祝福を授かりますように、そして何倍にもなって私の元へ戻ってきますように」と心の中で唱え、最後に小切手を贈る先の人や組織に祈りを捧げています。

それは言ってみれば「宇宙投資信託」に対する寄付なのだと、私は考えています。
与えることには、たくさんの恩恵があります。
それらは、感謝することを思い出させてくれます。

そして、宇宙の「源」と結びつけてくれます。

豊かさの新しい経路が開かれ、繁栄は循環するのです。

自負心が築かれると、他者を力づけることもできます。

また、寄付をする対象をより豊かにします。

この世界の豊かさの流れを活気づけると、それは、何倍にも増えて自分の元へ返ってくるのです。


彼は豊かさの中から豊かさを取得した。

それにもかかわらず、豊かさは豊かに後に残された。

ウパニシャッド（サンスクリット語で書かれた書物）より

Takumi's *Comments*

by 山﨑 拓巳

＊「Give《ギブ》＆Give《ギブ》」から豊かさは巡る

人間とは、欲深い生き物です。

常に、もっと豊かさを、もっと、もっとと自分が得ることばかりを考えているものです。

何かを与えることで、何かを得るという「Give《ギブ》＆Take《テイク》」という言葉があります。

基本的に、あらゆるビジネスや人間関係などにおいても、このギブ＆テイクのシステムがベースにあり、さまざまな交渉事や関係性が発生しています。

ところが、一見、ギブ＆テイクの関係に見えていても、実際には、テイク＆テイクの関係になっているもの多かったりします。

なぜならば、人はどちらかというと「自分が与える」ことよりも、「自分は与えられる」ことの方が当たり前だと思っていたりするものだからです。


例えば、ある人がビジネスにおいて、あなたにとって有利な話を持ちかけてきて、あなたの仕事をサポートしてくれるというシチュエーションがあったとします。

そんな場合でも、「この人は、自分をサポートしてくれるといっているけれど、もしかしてこの人、自分の利益のために言っているよね」というようなことを感じさせることもあったりします。

このケースでは、その〝サポート〟に対して、あなたが対価なり労働を支払うことで、ギブ＆テイクの関係が成立するわけです。

けれども、サポートをしてくれる人は、〝ギブ〟としてサービスを提供しておきながらも、自分でも気付かないうちに、自分の利益になるであろうことも見越してテイク＆テイクの関係性を創っていたりすることもあるのです。

その利益とは、金銭や物など物理的に目に見える利益であったり、自分に必要な情報であったり、自分への周囲からの評価を期待する目に見えない利益であったりとさまざまです。

やはり、人間とは、豊かさを求めるあまりに、どうしてもしたたかになってしまうのです。

けれども、本当の豊かさが巡り始めるのは、ギブ＆ギブのマインドになれた時からなのです。

ただし、今の世の中でそんなマインドで生きている人はほとんどいない、といってもいいでしょう。

だからこそ、皆、豊かになることに必死になっているのだと思います。

けれども、皆が探している豊かさを手に入れるルールは、とてもシンプルだったのです。

それは、「与えるだけ」という法則です。

まず、お金とは、自分が提供したことから、受け取ったものを引いた時に、提供したことの方が勝った部分だけが結晶化して、お金という物質に形を変えたものなのです。

例えば、肩を揉むのが上手なあなたに、肩コリのひどい友人がいたとします。あなたは、ただ友人の肩をラクにしてあげたい、としか思っていません。

そこで、友人に「あなたの肩を揉ませて」と言って肩を揉んであげると、肩コリのほぐれた友人はあなたに「悪いね、ありがとう！　助かったよ」と感謝してくれます。

そして、毎回、あなたがただ「肩を揉ませて欲しい」という気持ちだけで同じことを行っていると、友人も「ありがとう」という感謝の言葉だけでは、もう自分の気持ちが収まらなくなってきます。

そして、ついに、あなたがいくら「いらない」と拒否しても、友人は「どうしても、お金を受け取って欲しい」と言い張り、あなたが受け取ろうが拒否しようが、友人はお金を支払わずにはいられない結果になるのです。

このように、自分のメリットや見返りを求めずに、ただ「与えるだけ」というギブ&ギブの領域に行けた瞬間から、豊かさが発動するのです。

その豊かさは、お金だけではなく、色々な形でやってきます。

先述の仕事をサポートしてくれるというケースだと、「あの人は、決して自分のメリットのためにこんなことを言うはずがない」という、お金などでは決して買うことができない信頼感だったりもします。


同じことは、有名な「天国と地獄の長い箸」*の法話としても語り継がれています。

あらすじを簡単に説明すると、天国でも地獄でも食事の時には、丸いテーブルについて長い箸を使って食事をする決まりがあったそうです。

けれども、長い箸を使おうとすると、たとえお皿にあるご馳走を取ったとしても、箸が長すぎることから、決して自分の口には入らないのです。

地獄にいる人たちは、それを必死で無理やり自分の口に入れようとするほか、横取りしようとする人ばかりで、結局、奪い合いで喧嘩になってしまい、誰も食事が食べられず、結局、どんどん皆やせ細ってゆくばかりです。

一方で、天国にいる人たちは、長いお箸でつかんだご馳走を、まず、そのお箸が届く人の口に入れてあげて食べさせてあげています。

すると、食べさせてもらった人は、今度は、お返しに自分にも食べさせてくれる、という風に全員で仲良く平和に食事ができているというお話です。

この話の教訓は、自分のことよりも人のことを最初に考えるべきである、思いやりが大切である、という人間としての最も基本的な教えです。


確かに、このギブ&ギブのマインドで生きる自分になりたい、という志を持つ人も多いのです。

けれども、皆、まずは、ギブ&テイクの関係において、一旦、自分の取り分であるテイクをいただいてから豊かになった後で、いずれはいつか、ギブしようと思っている人がほとんどでしょう。

そして、ギブするためのテイクがまだ自分には十分ではないとして、結局は、ギブ&ギブの領域までたどり着けずに終わってしまうのです。なぜならば、そう思っている人は、いつまでたっても自分が十分に豊かだとは思えないからです。

この世界で生きて行く中で、誰もが聖人にはなれるわけではありませんが、それでも、少なくとも、ギブ&ギブのスピリットで生きてみよう！　と思うことだけでも、豊かさへのスイッチを押すことになれるのです。

＊天国と地獄の長い箸
出典不詳。臨済宗の僧で、日常のわかりやすい言葉で仏法を語り、「昭和の名僧」と呼ばれた山田無文老師のオリジナルの法話ともいわれている。

＊責めの〝ありがとう〟を心がける

豊かさを巡らせるためにも、自分の言葉にも注意したいものです。

例えば、何かを受け取った時、感謝の気持ちを込めて「ありがとう」と言います。

それは、いわゆる、礼儀やマナーとして当然言わなければならない、「受け身のありがとう」です。

けれども、ギブ&ギブの境地にいる人は、何かを人からもらったり、何かを受け取ったりしていなくても、常にありがとうというマインドを持っているので、ありがとう、という言葉をよく使います。

例えば、こちらは何をしたつもりもないのに、「いつもありがとうね」というところから会話が始まったりするのです。

それを僕は、「責めのありがとう」と呼んでいます。

ありがとうという言葉の持つパワーについては、色々なところで語られていますが、ありがとうと言われて、いやな気分になる人はいません。

そんな「責めのありがとう」からのコミュニケーションが、次のありがとうを連れてきてくれるのです。


また、時には「守りのありがとう」も存在します。

これは、たとえ相手から傷つけられたり、何か嫌味を言われるなどの攻撃を受けても、同じレベルで反撃をせずに、それさえも学びに変えて相手に感謝で戻すという最高の反撃方法です。

例えば、友人から「あなたって、お金に細かいわね」と言われたとしても、「ありがとう。次から気をつけるわね。言ってくれて勉強になりました」と、ありがとうという言葉で返答すれば、自分を守りながら、その場をさらりとかわせることができます。

相手も、ありがとうと言われてしまうと、もう次の攻撃はできなくなってしまうのです。


人と人とのコミュニケーションは、いわば、気と気のやりとりと同じことです。

いらいらすると、いらいらした現実を創り出し、ありがとうと言うと、ありがとうの連続を創り出します。

感情はそのまま連鎖してゆくものなので、どんな感情を連鎖させたいのかということを、最初にこちらから提示したいものです。

あなたがハッピーな感情でいたいなら、最初から相手に向けてもハッピーな感情でスタートするのです。

〝しりとり〟を始める最初の言葉が大切になってきます。

そしてそれは、口頭におけるコミュニケーションだけではなく、メールなどのツールにおいても同じことです。

メールを打つ際は、ついつい、キーボードやタッチパネルで気軽に入力してしまいますが、きちんと心からありがとうの念を込めて打ちたいものです。

なぜならば、その何気に入力した文字の波動は、そのまま相手に送信されるような気がするからです。

相手からの思いは、デジタル上の文字やコミュニケーションであっても、なんとなく伝わるような気がするのです。

そういう意味においては、お悔やみなどのメールを打つ時なども、きちんと気持ちを込めて打ちたいものです。僕は、お悔やみのメールを送る際などは、ＰＣの前で手を合わせた後で送信するようにしています。

今や、お悔やみの文章にふさわしい定型文などもネットから簡単にコピペができる時代です。

せめて、それらの文章に、たとえ二次元のコミュニケーションといえども、自分の思いや気持ち、真心などをきちんと波動として伝えたいものです。

そんな習慣があると、いざ、三次元のコミュニケーションになった時にでも、気と気のやりとりにおいて、常に心地よいコミュニケーションを行うことができるのです。

＊社会益が最終ゴールになれる人へ

そして、最終的には、人は対個人ではなく、社会のために「ただ与えるだけ」の存在になりたものです。

自分や相手という二者間や相互間における利害関係を越えて、世の中のための利益、いわゆる、社会的な貢献を考えられるようになることが、究極のギブ&ギブの形なのだと思います。

「与える」ことの具体的なものとして、チャリティやボランティア、ペイフォワード（人から受けたものを、それを与えてくれた相手に戻すのではなく、他の人へ繋いでゆく）などがありますが、エゴを越えてこの世界のためにお金や奉仕やサービスなどを提供したいと自然に思えるマインドになれることが、本来の意味での豊かさに繋がるのだと思うのです。

そして、そのときに自分が受け取る豊かさとは、もうお金などは越えた、至福の感覚や至高の体験だったりします。

僕自身は、数年前に初めてチャリティ的なことに参加させてもらいました。

それは、スリランカで孤児院を作るというプロジェクトに参加したことです。

人は、ある程度お金に余裕ができてくると、どこかで何かチャリティ的なことをやろう、と考えていたりします。

けれども、実際に、いざ、そんなチャンスが巡ってくると、そんなことをやると売名行為と思われないだろうか、などと不安になってちょっと躊躇したりするものです。

僕自身も、チャリティやボランティアに参加することに少しためらっていた時期がありました。

ところが、ある人からの「スリランカで、小さな女の子たちのための孤児院づくりに協力してもらえないか」というオファーを受けた時には、「これだ!」と迷いもなく、心から参加表明をすることができたのです。

実は、「これだ！」と思えた理由は、少しユニークなエピソードがきっかけです。

その昔、過去生を見てもらったことがありました。

その時、「スリランカで生きていた時の過去生が見えました！　その人生で、あなたは、たくさんの鳥を殺したのです。あなたは、自分を責めているようですが、もう、自分を責めなくてもいいのですよ」と言われたのです。

自分としては、その突拍子もない話に、「え、何!?　鳥をたくさん殺した!?　自分では自分のことを責めているつもりはまったくないけれども、深層意識のどこかで、そんなことを感じていたりするのかな？」などと不思議に思っていたのでした。

それからは、たまに焼鳥屋などで、友人と飲んでいる時に、「僕、過去生で、鳥をたくさん殺したことがあったんだって」などと、話のネタにこの話を使っていたりしていたのです。

そんなことがあったことで、〝スリランカ〟と聞いた瞬間に、ピピピ！　ときたのです。

チャリティに参加するなら、今だ！　と思えたのです。

実際には、過去生の話が本当かどうかはあまり関係なく、自分にとってこのオファーに何か特別な縁を感じたわけです。

こうして、孤児院建設のチャリティに参加することになりました。

この一件においては、自分が援助をしたという事実よりも、逆に、何か役立つことに参加させてもらった、というすがすがしい気持ちをいただけたような気がしました。

その気持ちの良いエネルギーは、自分が外の世界に広がっていくような感覚、いわゆる、自分と世界がなんとなくひとつになれたような感覚とも似ていました。

これはすでに、数年前の出来事ですが、その時の得も言われぬ幸せな感覚は、今でも自分の中にきちんと残っています。

そして、その時の幸せなエネルギーは常に自分の中にあり、今でも常に、自分の中心からその時の体験のハッピーなオーラが放射されていて、自分の行動や思考にも良い影響を与えてくれているのです。

これこそが、僕が得ることができた、本当の豊かさなのかもしれません。

実はまだ、スリランカは遠い場所なので、その孤児院にはまだ行ったことがありません。もしかして、今、そこにいる女の子たちは、僕が過去生で殺生したという鳥の化身なのかもしれませんが(笑)、いつか、機会があれば訪問してみたいと思っています。

それ以降、こういったボランティアなどにも積極的に参加するようになりました。

例えば、年に一度、仲間と一緒に引き出しに眠っている鉛筆やノートなどの文房具を持ってバリ島の孤児院に行くことなども始めたりして、今ではその輪もどんどん広がっています。


このようなチャリティやボランティアのような社会益は、大きく考えなくても、また、お金をかけなくてもいいのです。

例えば、海の近くに住んでいる人は、ビーチクリーンに行く。また、寒い地方の人ならお年寄りの家の屋根の雪かきを手伝う、暴力や人権的理由で傷ついた世界の人たちに手紙を書く(「ライティングマラソン」など)など、さまざまなものの中から、自分がピン！　と来たものに参加するのがベストです。

ネット上には、常に色々な種類のボランティアが募集されているので、興味があればチェックしてみるのもいいでしょう。

けれども、参加することに義務感を感じたり、なんとなく気持ちが乗らない場合は、まだ準備ができていないということなので、本当に心からやりたい！　と思えるようになったら、始めるので十分だと思います。

このような自分や自分の大切な人のためだけでなく、社会のための貢献を始めた人は、たとえそれを自分自身が語らなくても、その人の行動や言動にそのエネルギーが投影されているのです。

そのエネルギーは、「与えることから感じさせてもらえる幸福感」というものです。

そして、それこそが、体験した人だけがわかる本当の豊かさなのだと思います。

豊かさへの Lesson 7

✻ 与えることで、

豊かなエネルギーが流れ込んで来るのです。

もし受け取るだけだと、

その流れは止まってしまいます。

by Lynn

✻ “与えるだけ”というマインドになれることが

最終目的地。

その時感じる至福感こそが、本当の豊かさになる。

by Takumi

あとがき

＝原点回帰。そして、いつかは次のステップへ＝

豊かさを実現するための7つのレッスンを通して、豊かさへのヒントは、発見できたでしょうか？

また、あなたの夢について、仕事について、お金に対する考え方について、何か新たなインスピレーションは湧いてきたでしょうか？

この本の中で、リンさんは、直感を使って豊かになるための方法をダイレクトに、その〝コア部分〟から説いてくださいました。

そこで、僕の方は、そのテーマのど真ん中からというよりも、少し離れたその周辺から、いわゆる「人生を、どのように生きるか」というところにフォーカスを置いて、様々な側面から語っていることに気付いてくれた人もいるかと思います。

それは、出来れば豊かさというものを色々な方向から捉えてもらえるように、という考えもあったのですが、もうひとつ、大きな狙いがあったのです。

その狙いこそ、本書でも何度か触れてはいるのですが、「直感を使って豊かになるのは、どんな自分なのか？　どんな自分になりたいのか？」というポイントでした。やはり、ここの部分が、一番肝心だと思うのです。

例えば、直感とは「仕事で発生したピンチを救ってくれる直感」、「試験のヤマを当てるための直感」、「結婚相手を決めるときの直感」など、それぞれの目標に対して使われることがほとんどです。

また、人とは常に〝今という瞬間〟を起点に、未来のことを考えているものなので、「今日よりも、より良い明日を」「今よりも、より豊かな将来を」ということを考えながら、物事を進めています。

さらには、「あの人のように、〇〇になりたい」とか「彼よりも、もっと△△になりたい」と常に〝比較対象〟がある中で、自分の目標を設定し、行動を起こしているのです。

けれども、その目標設定が、ただ不安を解決するだけのものであったり、対症療法的なもの、つまり、目先の問題を解決するだけのものであるならば、結局は、直感に頼り、直感を駆使したとしても、今日はこっちの方向へ行き、明日はあっちへ進むという風に、自分が自分に振り回されるだけになってしまうのです。

そうなると、自分の人生を長い目で見た時に、自分では直進しているつもりなのに、迂回してしまっていたり、超高速で進んでいたつもりでも、実は牛歩になっていたり、最悪の場合は、今の地点よりも、逆に後退してしまうかもしれません。

また、豊かさへの訴求に関しても、やっと豊かさを手に入れたと思っても、それは一時的なものであったり、後で気付くと、自分が手にしていたのは、かりそめの豊かさなかもかもしれません。

だからこそ、あなたの直感を有効活用するためにも、まずは、自分のゴールをきちんと定めるという、〝初期設定〟の部分を意識することからスタートして欲しいのです。

それは、〝あなたという人間は、いったい何者なのか〟という原点に戻る、〝原点回帰〟からの再スタートともいえるでしょう。

そのためにも、「そもそも、自分の人生、どうしたいんだったっけ?」ということを改めて考えてほしいのです。そうすると、自分にとっての本当の豊かさが明らかになるはずです。

例えば、もし、魔法使いがあなたの前に突然現れて、「欲しいものを、3つ叶えてあげる」といってくれたなら、あなたは、即、その場でその3つを答えられるでしょうか?

「うーん、ちょっと考えてみる」

という風になってしまうと、やはり、あなたの初期設定は、まだ、正しく設定されていないのです。

また、誰もが色々な制約や制限、条件の中でそれぞれの人生を生きているわけですが、「もし、何にも制限が無くなるなら、どんな人生を送りたい？」と聞かれたら、あなたは答えられるでしょうか？

そんな、普通ではありえないような質問を、今こそ、自分に問いかけて欲しいのです。

基本的に、自分だけの豊かさを手に入れることが、人生の最終ゴールだと言えるでしょう。けれども、今、個人的には、その次のステップについて、少し考え始めているところです。

そのステップとは、豊かさを手にいれること、つまり、「目標を達成する」ことや、「何かを得る」ということは、やはり、「何かに執着している」ということでもあるので、最終的に、その執着から解き放たれることはできないものだろうか？　という課題です。

いってみれば、僕たちのラベルやレッテル、アイデンティティを作っているのは、この執着というものです。

「あの有名な〇〇さんと知り合いです」「△△の会社を経営しています」「〇〇にマンションを持っています」など自分のポジションやプロフィールは、すべてこの執着で塗り固められたもので出来ているのです。

そこで、〝達成をする〟ということが人生の目標や指針であるならば、その執着さえも、いつかは、手放せるのだろうか？　というのが今の自分のテーマにもなっているのです。

そして、それが可能ならば、そこには、どんな境地があるのかも見てみたいのです。

なぜならば、そんな執着から自由になれたときに、〝本当のパワー〟というものを発見できるのではないかと思えるからです。

そして、もしかしたら、そこにこそ、真の豊かさがあるかもしれないのです。

これは、仏教的なマインドや考え方なのかもしれませんが、いずれはそんな執着に囚われたところからも自由になる〝空〟のような次元を目指せるものかどうか、についても想いを巡らせています。

もちろん、僕も、まだまだそのプロセスの途上にいます。

けれども、いつかは、そんな世界を覗くことが出来る自分にもなってみたい気もしています。

それまで、僕も自分なりに、〝自分の本当の豊かさ〟について、考えていきたいと思います。

2015年3月吉日　　山﨑拓巳

259

付属DVD『1%の成功者だけが知っている 豊かさの法則』は全国のTSUTAYA（一部店舗を除く）の「TSUTAYA ビジネスカレッジ」コーナーで、**2015年4月24日（金）よりレンタル開始**です。ぜひお知り合いの方におすすめください。詳細はTSUTAYA ビジネスカレッジ ポータルサイトで！
http://tsutaya-college.jp/
（検索エンジンで「ツタヤ ビジカレ」で検索）

㈱ヴォイスプロジェクトでは、リン・A・ロビンソン氏を招いてのセミナーや、直感による「天職コンサルティングセッション」などの個人セッションを定期的に開催しています。

詳細はお問い合わせください。

山﨑拓巳

Takumi Yamazaki

1965年三重県生まれ。広島大学教育学部中退。22歳で「有限会社たく」を設立し、現在は3社を運営。累計100万部のベストセラー作家。主な著書に『ひとり会議の教科書』『やる気のスイッチ！』『人生のプロジェクト』『気くばりのツボ』（サンクチュアリ出版）。代表著書『やる気のスイッチ！』（18万部突破／サンクチュアリ出版）は、2009年末の『オリコンビジネス書ランキング』では自己啓発部門にて3位にランクイン、ビジネス書としては7位。2010年夏には中国語に翻訳され、2011年には英語版『SHIFT』となり全米で発売。日本のみならずアメリカ、香港、台湾、韓国、中国ほか、海外でも広く翻訳出版されている。著者初のセミナーDVD『気くばりのツボ実践セミナー』は、TSUTAYA・DVDレンタル（教養ビジネス部門）にて5ヵ月連 続・回転率1位を記録。講演活動は、「凄いことはアッサリ起きる」-夢-実現プロデューサーとして、メンタルマネジメント、コミュニケーション術、リーダーシップ論など多ジャンルにわたり行なっている。

リン・A・ロビンソン

Lynn A. Robinson

世界的な直感コンサルタントとして、多数の有名企業、著名人、俳優、ミュージシャン、エグゼクティブ達をクライアントに持ち、常に世界中から相談が寄せられている。専門分野は「天職(自分の才能や特技、ミッション)の発見」、「好きなことで収入を得られるようになるまでの過渡期をどうやって過ごすか」、「ビジネスコンサルティング」。全世界14ヵ国以上で著書が出版されているベストセラー作家でもある。日本語版著書は『直観力レッスン』『人生の全てを決める鋭い直感力』『夢を叶える直感の磨き方』『これ一冊で手に入れる！　お金と本当の豊かさ』『直感で生きる』など。CDに『あなたを「使える直感」に誘導するCD』、DVDに『ビジネスで直感を活かす方法と習慣』。アメリカ3大放送局であるABCやCBSの番組にも出演。USAトゥデイやニューヨークタイムズを含む15以上の新聞、雑誌が特集。USAトゥデイは「企業の規模を問わず、ロビンソンはあらゆる企業の社員のモチベーションを、ビジネスに活かすように指導している」と評する。

1%の成功者だけが知っている　豊かさの法則

2015年4月6日　初版発行

著　者　山﨑拓巳　リン・A・ロビンソン
編　集　西元啓子
装　幀　井上新八
本文デザイン　藤井デザインスタジオ
発行者　大森浩司
発行所　株式会社ヴォイス　出版事業部
〒106-0031
東京都港区西麻布3-24-17 広瀬ビル2F
☎ 03-5474-5777（代表）
☎ 03-3408-7473（編集）
FAX 03-5411-1939
http://www.voice-inc.co.jp/
印刷・製本　株式会社光邦

ISBN978-4-89976-432-8 Printed in Japan